ERIC STANDOP

El lenguaje del cabello

LECTURA DEL ROSTRO A PARTIR DEL CABELLO

Lo que nos revela sobre la SALUD y la PERSONALIDAD

Si este libro le ha interesado y desea que le mantengamos informado
de nuestras publicaciones, escríbanos indicándonos qué temas son de su interés
(Astrología, Autoayuda, Ciencias Ocultas, Artes Marciales, Naturismo,
Espiritualidad, Tradición…) y gustosamente le complaceremos.

Puede consultar nuestro catálogo en www.edicionesobelisco.com

Colección Salud y Vida Natural
EL LENGUAJE DEL CABELLO
Eric Standop

1.ª edición: mayo de 2017

Título original: *Haargenau. Was Haare über
Gesundheit und Persönlichkeit verraten*

Traducción: *Loto Perrella*
Corrección: *M.ª Jesús Rodríguez*
Maquetación: *Juan Bejarano*
Diseño de cubierta: *Isabel Estrada,
sobre una ilustración de Shutterstock*

© 2015, Schirner Verlag, Darmstadt, Alemania
(Reservados los derechos)
© 2017, Ediciones Obelisco, S. L.
(Reservados los derechos para la presente edición)

Edita: Ediciones Obelisco, S. L.
Collita, 23-25 - Pol. Ind. Molí de la Bastida
08191 Rubí - Barcelona - España
Tel. 93 309 85 25 - Fax 93 309 85 23
E-mail: info@edicionesobelisco.com

ISBN: 978-84-9111-210-5
Depósito Legal: B-10.586-2017

Printed in Spain

Impreso en España en Anman, S. L.
C/ Llobateres, 16-18, Tallers 7 – Nau 10 - 08210 Barberà del Vallès (Barcelona)

Reservados todos los derechos. Ninguna parte de esta publicación, incluido
el diseño de la cubierta, puede ser reproducida, almacenada, transmitida o utilizada
en manera alguna por ningún medio, ya sea electrónico, químico, mecánico, óptico,
de grabación o electrográfico, sin el previo consentimiento por escrito del editor.
Diríjase a CEDRO (Centro Español de Derechos Reprográficos, www.cedro.org)
si necesita fotocopiar o escanear algún fragmento de esta obra.

HAIR LANGUAJE:
EL LENGUAJE DEL CABELLO

Los rostros nos fascinan, nos atraen mágicamente. Son decisivos para que alguien nos caiga simpático o no a primera vista. Por medio de nuestro rostro nos comunicamos –a menudo incluso más que mediante la voz y la palabra–. El rostro humano es un medio de comunicación no verbal. Desea comunicarse, y así tiene algo que decir, no sólo a los demás, sino también a nosotros mismos. Las personas que se interesan por la lectura del rostro dedican frecuentemente una especial atención a determinadas características, como por ejemplo las arrugas. Otras, por el contrario, creen que en la forma de la nariz, la barbilla o la boca se hallan «escritas» todas las respuestas. Muy pocas personas prestan atención de manera consciente al cabello y a su estructura, su condición y apariencia. Esto a mí, como lector del rostro, me sorprende, porque también nuestro cabello nos proporciona abundantes indicaciones interesantes que nos conviene conocer.

Cuando consideramos el trabajo que le dedicamos a nuestro cabello en comparación con las demás partes del cuerpo, incluso con el rostro, quizá su importancia nos quedará más clara –y esto no se refiere únicamente al peinado, sino también al cuidado de las cejas y la barba, la vellosidad de las partes íntimas y de las piernas, sí, y también al vello que crece en la nariz y en las orejas. A lo largo de la semana muchas personas acaban sumando de esta forma algunas horas.

Pero, no sólo nos ocupamos de nuestro pelo nosotros, sino que permitimos también que manos ajenas se dediquen a ello: los centros de depilación surgen como setas, en muchos países existen Eye & Eyelash Shops, locales para la estética de ojos y cejas, en los cuales los empleados se ocupan únicamente de las cejas y las pestañas de sus clientes, y no hablemos ya de los millones de peluqueros que hay en el mundo: solamente en Alemania hay cerca de 74.000 peluquerías. Las encontramos casi en cada esquina, e incluso en el pueblo más remoto hay grandes probabilidades de hallar por lo menos una peluquería. Los peluqueros no son sólo especialistas en cuestiones relacionadas con el cabello, hacen también de confidentes, personas de confianza, psicólogos y consejeros en temas de salud, todo en uno. Son pocas las profesiones que sean tan multifacéticas.

A pesar de todo, se comprueba que el cabello se percibe de una manera muy superficial. Aparte del trabajo del peluquero, hay poco interés en el profundo valor informativo que tiene el cabello. Las publicaciones profesionales se limitan como mucho a divulgar artículos aislados de la redacción, que informan sobre medios y productos para la modificación del cabello, y en las publicaciones que tratan de la lectura facial, ésta se aborda con poca sensibilidad, lo mismo que ocurre en las escasas publicaciones científicas. ¿Acaso no es harto curioso que casi para cada órgano o para cada función de nuestro cuerpo contamos con un especialista que nos puede asistir en el caso de una enfermedad o de un problema? Hay neurólogos, dentistas, otorrinolaringólogos, ortopedistas, oftalmólogos, urólogos, ginecólogos, proctólogos –e incluso para nuestro subconsciente, pensamientos y mundo afectivo hay, junto con el psicólogo, un médico especializado. Y ¿qué tenemos para tratar nuestro pelo? No existe ningún especialista claramente definido. Para el pelo el único profesional médico competente es el especialista de la piel, el dermatólogo.

Quizás esto dependa del hecho de que el pelo es definido científicamente como plumas, como una forma de apéndice de la piel (un anexo) –un concepto muy poco agradable–. ¿Me equivoco? No apreciamos debidamente nuestro pelo cuando lo reducimos a esta idea, y ninguna persona sensata admitirá el hecho de que haya una relación entre una enfermedad y el estado del pelo –como podremos apreciar en las explicaciones que encontraremos a lo largo del libro–. El pelo representa la fuerza vital y la energía. No es casualidad que las raíces del pelo se encuentren en las partes más sensibles de nuestro cuerpo. El pelo refleja nuestro espíritu vital, y por ello constituye un tema muy sensible. Esto se hace muy evidente cuando las personas encanecen o pierden completamente su cabellera. Muchas se inquietan, se vuelven pensativas o incluso se muestran infelices, porque la idea de caducidad, el recorrido por los distintos períodos de la vida, les hace evidente el hecho de que han llegado al último capítulo de su vida.

Pero la salud y la edad son sólo aspectos parciales, a los cuales hay que añadir otro aspecto importante: nuestro cabello es uno de los factores que suscitan simpatías y antipatías. En la verificación de una primera impresión, el peinado es uno de los estímulos clave más importantes. Exteriorizamos nuestra personalidad mediante el cabello. ¿Por qué, si no, con tanta frecuencia el pelo motiva desavenencias dentro de una familia? Aquel que se tiñe el pelo, se lo corta, se lo afeita, lo deja crecer o lo trenza arriesga o provoca críticas e incluso rechazo –cada actitud según el ambiente que le rodea–. Pero también puede provocar exactamente lo contrario y producir agrado en el entorno y atraer hacia su persona miradas de admiración. Por ello, de una manera u otra, deberíamos tener claro que cada variación del peinado es seguida con atención por nuestros congéneres, clasificada y frecuentemente también evaluada. El estilo del peinado dice cosas sobre el modo de ser y el enfoque de cada uno ante la vida. Éste representa nuestra personalidad, pensamientos y opiniones. Cuando exhibimos un nuevo corte de pelo, o una nueva coloración, marcamos incluso un nuevo punto de inflexión en nuestra vida.

De este modo, el cabello contribuye a la comunicación no verbal: nos entregamos al mundo exterior. No sólo hablamos por medio de nuestra voz o el lenguaje corporal, el llamado *body language*, sino también a través de nuestro pelo, que es especialmente comunicativo, y el *hair language*, el «lenguaje del cabello», no es en absoluto un lenguaje secreto. No transcurre por lugares ocultos, sino que tiene un gran valor informativo y no permite que se le ignore.

Sin embargo, a pesar de que este conocimiento está bien enraizado en nosotros, no confiamos en llegar a conocer a una persona, y preferimos un tipo de acercamiento más intelectual. Aquí tenemos decididamente en primer lugar a una persona que comprende el «lenguaje del pelo», que sabe ver y escuchar lo que el cabello le transmite, que tiene una ventaja informativa muy valiosa. Esto puede simplificar la relación entre las personas, y hacer comprensible el ser interior de un congénere –y esto forma parte de la tradición y de la motivación original de un lector del rostro–. Éste no clasificará, valorará o sentenciará a la persona, sino que preferirá que aflore el verdadero ser de la misma –y para ello el cabello es un medio de valor nada despreciable.

Deseo de todo corazón que ahora leas las páginas que siguen desde este «punto de vista», y que entiendas su contenido como un estímulo para una mejor comprensión de tus semejantes.

Muchas gracias.
¡Nos vemos!
Eric Standop

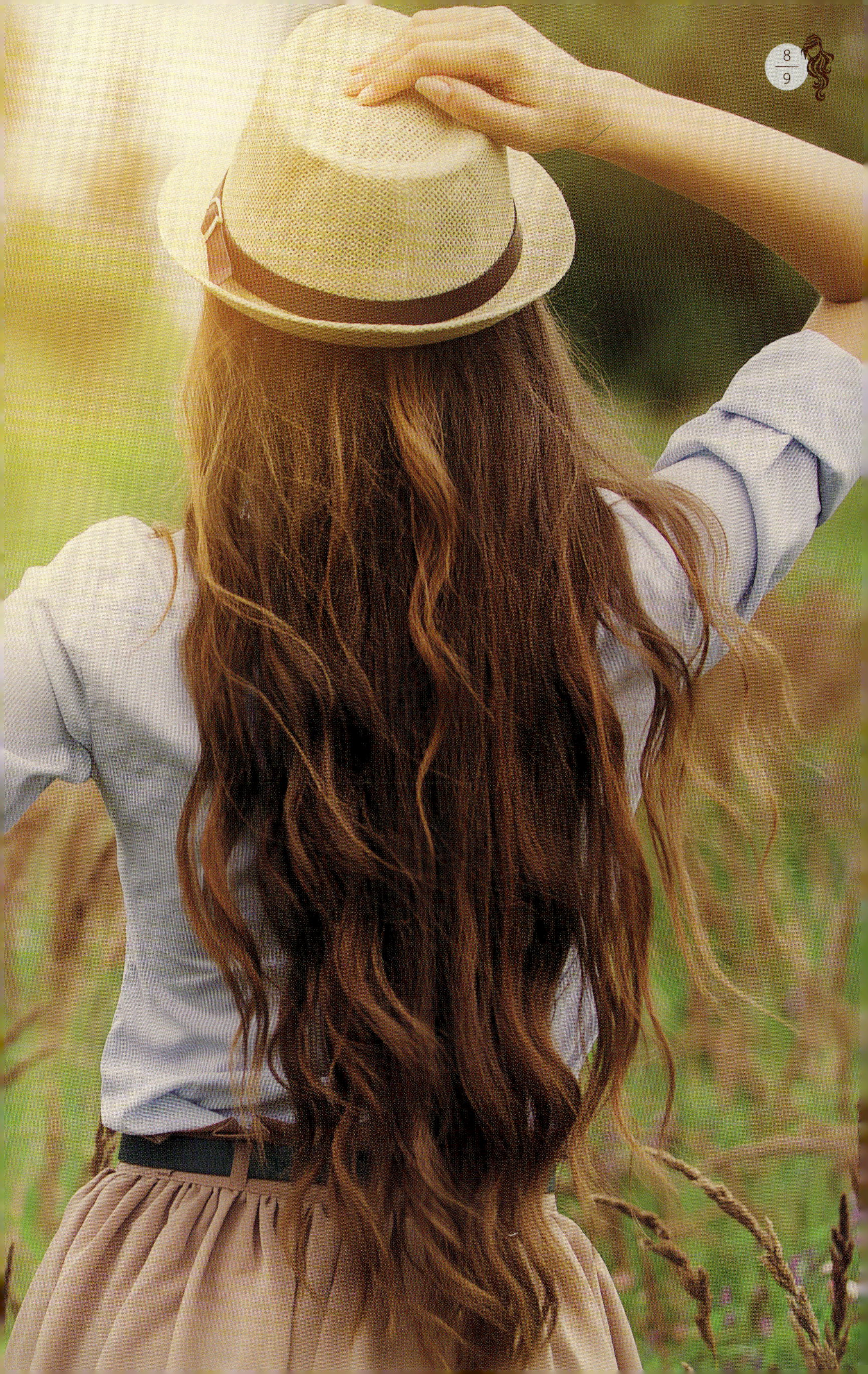

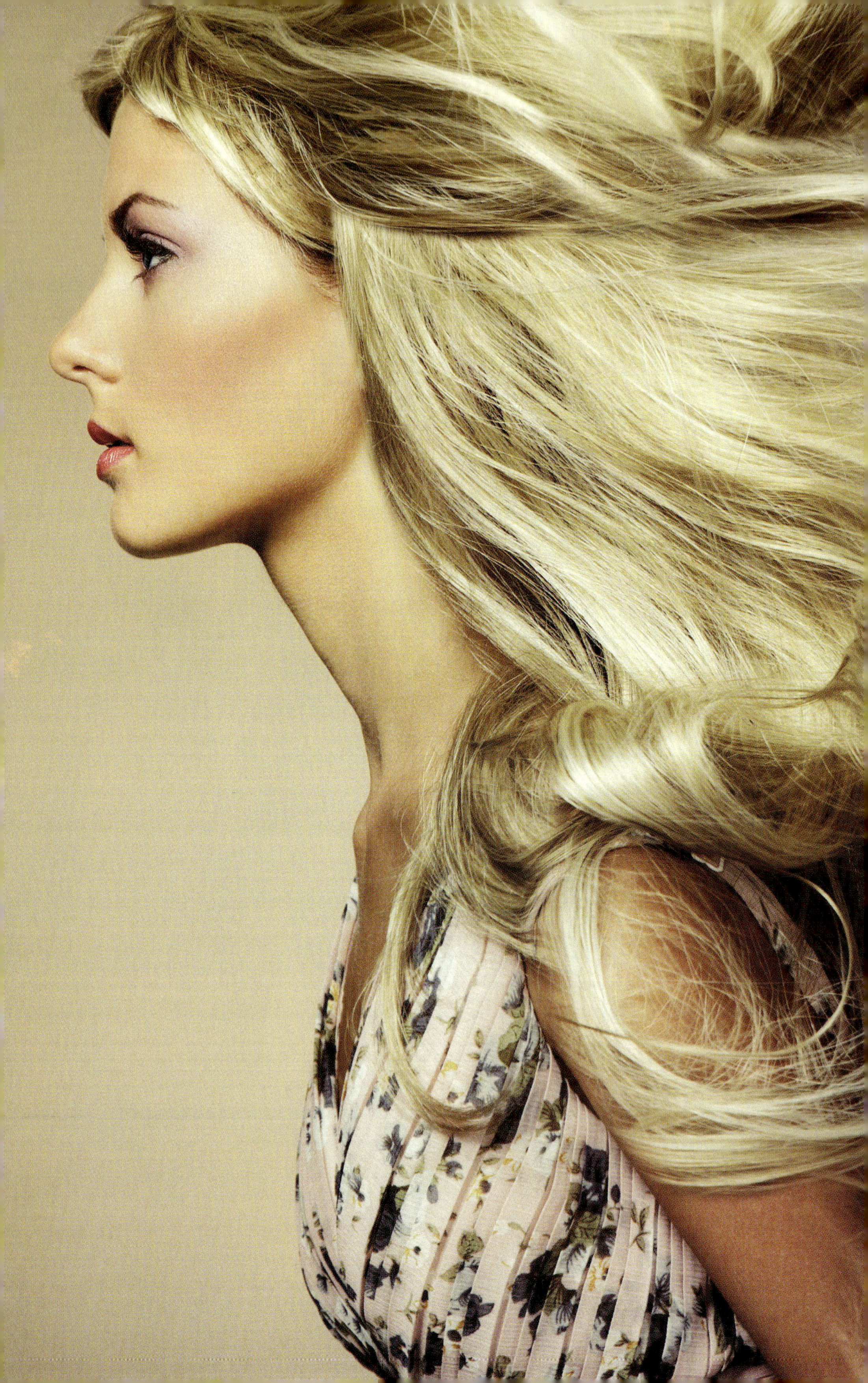

INTRODUCCIÓN

Una historia *peluda*

MI CAMINO PARA APRENDER A LEER LOS ROSTROS

«Así ¿tú serías el gran maestro, que puede conocer a cada individuo por dentro y por fuera? Bien, pues, ¡muéstrame lo que sabes hacer!». Aún hoy, después de tantos años, me oigo a mí mismo pronunciando estas palabras. Con un tono condescendiente y lleno de sarcasmo, invito al hombre que viste una ropa algo gastada a mostrarme su «arte». Él está ligeramente desorientado en el bar, pero tras un par de vasos de cerveza se muestra sumamente dispuesto a contar lo que ve en el rostro de una persona. «¡Un lector del rostro! ¡Qué tontería!», pienso. A estas alturas tengo un buen motivo para ir por el mundo de manera más abierta. Una segunda depresión ha puesto un punto final a mi importante carrera en la industria del entretenimiento, y a pesar de gozar de tiempo libre durante un mes, desde el punto de vista de la salud me encuentro en una situación extremadamente crítica. El mánager agresivo y arrogante, que tiene la responsabilidad del personal y del presupuesto de una empresa sigue siendo una parte de mí mismo. La enfermedad y la pausa en mi carrera no han cambiado nada.

El lector del rostro empieza a hablar y me cuenta algo sobre mi personalidad y mi carácter. Yo atribuyo sus afirmaciones acertadas a un buen conocimiento del ser humano. Habla sobre el amor, la profesión y la vocación. «Un acierto casual», pienso. Para terminar, «lee» en mi cara también mi historial médico completo –y yo me quedo sin palabras–. Ya no hay pretextos. Tantas coincidencias seguidas no pueden ser casualidad. Me pregunto: «¿Cómo puede ser?, ¿de dónde viene todo ese conocimiento?, ¿por qué en mi cara hay tanta información disponible para ser leída?». Lo tengo claro: hay algo de verdad en el «*face reading*», la lectura del rostro. Estoy decidido a conseguir este conocimiento y a utilizarlo. De regreso

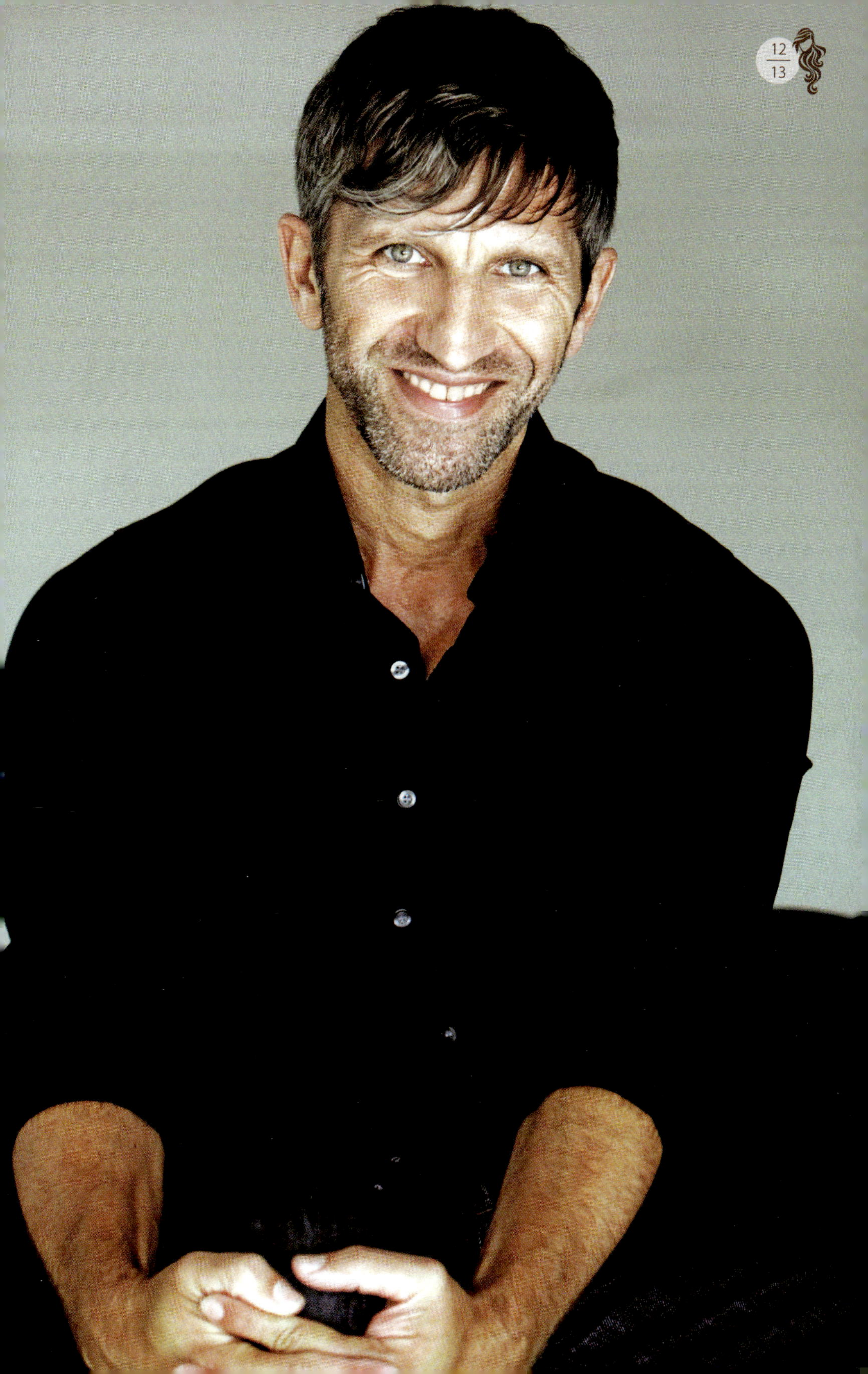

a Alemania me dedico a buscar un maestro, con el objetivo de encontrarme lo antes posible en la situación de poder analizar mi entorno de manera tan significativa. Con este conocimiento –de ello estoy completamente seguro– alcanzaré mis metas de manera mucho más rápida y efectiva. Llegado a este punto, pienso en cómo repercutirá este conocimiento en mi economía. Sin embargo, encontrar un maestro que me enseñe no resulta tan sencillo.

A continuación, mi búsqueda me conduce a una escuela de naturopatía, donde me apunto a un curso de asesoramiento en nutrición. A estas alturas ya he aprendido que el camino hacia cualquier tipo de sanación incluye también la nutrición. «¡Un conocimiento que rompe moldes!», me digo, burlándome un poco de mí mismo. Y nuevamente acude en mi ayuda «la casualidad», y consigo la referencia de un maestro experimentado en la lectura del rostro. Tomo una decisión rápida y acudo a una reunión que ha sido convocada. Allí me encuentro rodeado de «pseudoespirituales», esoteristas y amigos de la sanación natural. Me mantengo apartado y me limito a observar. Pocas veces he visto tanta insensatez y escuchado tanta charla inverosímil en tan poco tiempo. Me quedo a esperar la llegada de la anunciada eminencia. Extrañado, después de algunas pruebas de paciencia, finalmente conozco a la persona, a la que de aquí en adelante podré acompañar durante años. Soy seleccionado como uno de los últimos alumnos antes de que él pueda retirarse con más de 80 años, aunque parece tener 20 años menos. Él aviva todavía más mi pasión por la lectura del rostro, me alimenta de saber, pero también de experiencia de vida y de sabiduría. Me exhorta a ahondar en lo aprendido, a enseñar y a escribir sobre ello, tal como corresponde a mi talento y a mis metas en la vida.

Después de un tiempo, decido iniciar un camino profesional completamente nuevo. A continuación asesoro a personas indecisas «solamente» en temas de alimentación, *fitness* y salud. Sin embargo, allí donde hay pasión fluye la energía, y así en mis viajes por Sudamérica y Asia conozco «casualmente» a otros lectores del rostro, con los cuales establezco un intercambio provechoso para ambas partes.

Finalmente en Hong-Kong conozco a un maestro de Siang-Mien, y gracias a él puedo ampliar mis conocimientos y completar mi técnica con la lectura del rostro china. Ante mí se abre un mundo nuevo casi perfecto, que amplía mis conocimientos en todas las disciplinas relacionadas con la lectura del rostro. Además, aparecen aspectos completamente nuevos, como el conocimiento de los cinco elementos, el conocimiento del Chi y el concepto básico de la energía, las metas en la vida y el destino –una unidad de aprendizaje nada fácil para una persona con mi experiencia previa.

Los occidentales vivimos en principio en un mundo material, en un lugar que podemos comprender y dominar. Rechazamos palabras como «destino» u «objetivos vitales», las consideramos ridículas o les atribuimos un matiz negativo. Todo el significado de este concepto sólo se nos revela cuando en nuestra visión material de las cosas dejamos espacio también para lo desconocido, lo inicialmente inexplicable, quizá lo incomprensible, y abrimos, tolerantes y curiosos, esta parte de nuestro ser.

Las palabras siempre habían sido mis amigas, mis puentes hacia lo desconocido. Las palabras pueden unir pero también manipular, separar y destruir. Las palabras fueron siempre una parte de mi trabajo. Sin embargo, a menudo, había oído palabras sin sentido. Como lector del rostro descubrí finalmente que el hechizo de una sonrisa es más fuerte que las palabras. Del rostro mudo surge siempre una gran magia. Habla su propio idioma natural.

Más adelante, desde que me convertí en lector del rostro, mi pasión fue mirar detrás de la cortina y la niebla de las palabras de cada persona, y de esta manera descubrir el verdadero rostro de la persona, el lado auténtico, y sí, quizá conocer el alma y ver cómo es realmente.

Eric Standop
FACEREADING ACADEMY

DEFINICIÓN DE CONCEPTOS

En este apartado, para una mejor comprensión de las distintas técnicas y métodos que se agrupan bajo el título de «lectura del rostro» aclararemos los tecnicismos importantes.

El lenguaje del cuerpo

El lenguaje corporal, también conocido como «*body languaje*», es una forma de comunicación no verbal, que se exterioriza en las manifestaciones conscientes e inconscientes del cuerpo humano. Según la psicología, a éstas pertenecen la gesticulación, el hábito y la mímica. El lenguaje corporal influye enormemente en la comprensibilidad y el funcionamiento del lenguaje verbal.

Las señales más importantes del lenguaje corporal son los gestos inconscientes, con los cuales el cuerpo reacciona ante una situación de comunicación o un estado emocional. Las noticias positivas o negativas dan lugar, por ejemplo, a gestos inconscientes, que simbolizan sensaciones francas y auténticas, como ponerse las manos delante de los ojos, o levantar los brazos hacia arriba. A las señales conscientes del cuerpo se suman, por el contrario, gestos y movimientos que pueden ser sustituidos según el objetivo final. A este grupo pertenecen la sonrisa de una persona, una mirada concreta, una cara inexpresiva, un apretón de manos arrogante, una actitud rígida, u otras reacciones, como un movimiento de la cabeza o un cabeceo afirmativo.

La gesticulación

La gesticulación expresa nuestra comunicación por medio de los brazos, las manos y la cabeza. Los movimientos de las partes del cuerpo son considerados por las personas como total o parcialmente sustitutivos de la pa-

labra, para acompañarla o auxiliarla. La gesticulación pertenece a la comunicación no verbal, que nos acompaña a lo largo del día y que es utilizada continuamente. Pero también tiene una significación mental importante: puede dar indicios de lo que una persona piensa en aquel momento y qué sentimientos alberga.

La mímica

Por mímica entendemos los movimientos de la cara. Los muchos gestos individuales de la extensa musculatura dan una impresión global del estado inmediato, de la manera de pensar y de la situación emocional de una persona. La expresión facial es determinada sobre todo por los ojos y la boca –las partes más móviles del rostro–. La mímica sirve para manifestar un sentimiento determinado (alegría, miedo, tensión), es una forma de comunicación (interés, comunicación entre un niño pequeño y sus padres) y da información sobre la peculiaridad individual de la persona en cuestión (dinamismo, letargo). Sin embargo esta información es difícil de valorar y puede variar en fracciones de segundo.

El hábito

Para comprender mejor a una persona, nos formamos un juicio de manera consciente o inconsciente sobre sus hábitos. El concepto (del latín *habere*) representa el «comportamiento» de una persona. Éste implica su apariencia y sus modales, que nos permiten sacar deducciones sobre su persona. Sin embargo, para el lector del rostro este aspecto es desdeñable, ya que está muy determinado por la cultura y es utilizado además con frecuencia para disimular la personalidad.

La apariencia exterior

También la apariencia exterior merece nuestra apreciación consciente o inconsciente de una persona. Ésta resulta de la acción combinada de los músculos, tendones y huesos, y constituye la base del aspecto de una persona. El porte es apropiado para el ocultamiento de la situación emocional, al igual que el ya mencionado hábito, por lo cual muchos lectores del rostro le conceden poco o nulo significado. En el diagnóstico por el semblante el porte juega un papel complementario. Numerosos problemas de porte arrastran, por ejemplo, las consecuencias de distintas enfermedades. En primer lugar, mencionaremos la enfermedad de Bechterew, la enfermedad de Scheuermann y la escoliosis.

Estudio de la fisonomía

El concepto de «fisonomía» viene del griego y se compone de la palabra *physis*, 'cuerpo', y *gnomon*, 'conocimiento', 'rasgo típico' o 'enseñanza'. Por fisonomía se entiende la lectura de la apariencia corporal de una persona. El carácter, el temperamento y la personalidad deberían poderse interpretar por la apariencia externa invariable del cuerpo, principalmente de la cabeza.

La patofisonomía

Con la designación «patofisonomía» se completa la palabra fisonomía con el prefijo griego *pathos*, que significa 'dolor'. Esta combinación pone en evidencia que aquí se trata de un ejemplo del reconocimiento de los síntomas orgánicos y específicos de la función con respecto a las enfermedades físicas. ¿Está esa persona predispuesta a sufrir determinadas enfermedades?, o ¿quizá su rostro lleva ya grabada una enfermedad existente? Para contestar a esta pregunta los patofisonomistas observan las distintas variaciones de la piel, pero también las hinchazones, la aparición de brillos, anomalías de color y tensiones.

Diagnóstico por el rostro

Este sistema tiene puntos de contacto con el llamado «diagnóstico por el rostro», que se ocupa de las señales de enfermedad del semblante. Esta teoría sirve para el reconocimiento en el rostro de las deficiencias y de los trastornos de la salud y de las enfermedades. Con el transcurso de los años el pasado deja tras de sí sus huellas sobre la piel. Además de las ya mencionadas variaciones, hay que añadir también las arrugas. Éstas revelan al lector del rostro cosas sobre la vida llevada hasta ese momento, y ponen de manifiesto déficits agudos y posiblemente futuros.

El Siang-Mien

El arte de leer el rostro en China se llama *Siang-Mien*, y en ese país tiene una tradición de varios miles de años. Para los chinos se trata de una filosofía, una técnica médica y una ciencia todo en uno. Junto con el conocimiento de los síntomas de las enfermedades en el rostro, que se utiliza también en la medicina tradicional china (MTC), implica asimismo la interpretación de la personalidad y del carácter. Los maestros de Siang-Mien van incluso más allá y dan información sobre el futuro destino de la persona. El Siang-Mien está todavía muy presente en la sociedad china. Este conocimiento no se ha perdido nunca, porque se ha demostrado efectivo en la determinación de los sentimientos, los pensamientos y los propósitos de las personas.

A lo largo de los milenios siempre ha valido la definición: el rostro fue, es y sigue siendo el espejo del alma. Y esto vale también para el cabello, que es una parte importante del rostro. También lo son el peinado, las cejas, las pestañas y las barbas, que le dan un marco a la cabeza y le otorgan forma. Así contribuyen de manera esencial a nuestra imagen exterior.

EL CABELLO EN LA LECTURA DEL ROSTRO

Si fuéramos individuos racionales, únicamente orientados hacia los hechos, entonces el pelo no tendría ningún significado importante. Éste no sería de vital importancia ni verdaderamente indispensable, ya que sus funciones originales como el aislamiento del calor, la reducción del rozamiento y su protección contra la sensibilidad al contacto podrían entretanto ser asumidas bien, o incluso mejor, por otros medios. Consideremos por ejemplo su función térmica: naturalmente, un cabello más largo en las zonas climáticas frías protege del enfriamiento de la cabeza provista de mucha energía, pero si el pelo cumpliera realmente la función de aislamiento térmico, entonces todo nuestro vello corporal debería crecer tanto como el cabello. Tales consideraciones racionales y otras similares están absolutamente justificadas, pero dejan de lado el hecho de que el pelo puede cumplir también otras funciones. Las personas con marcada sensibilidad difícilmente aceptarán este punto de vista. Para ellas el pelo es un medio de autopresentación, con el cual se puede expresar la creatividad y –pensemos sólo en la costumbre de juguetear con un mechón de cabello mientras transcurre una conversación– dejar fluir mensajes. De manera que es poco sorprendente que no sólo los peluqueros sino también los psicólogos se interesen por nuestro cabello, y le atribuyan una significación determinada y casi de orden superior. Ambos grupos profesionales ven el cabello como una parte de la presentación individual y de manifestación personal. El pelo se puede formar, darle color, peinar con el secador, cortar, dejar crecer, alisar y arreglar con rizos, y de esta manera ser adaptado de forma individual al propio carácter.

Entonces qué sucede: ¿atribuimos demasiado valor o menospreciamos el pelo, ese llamado complemento de nuestra piel? A día de hoy, ¿realmente ya no es necesario? La cabellera ¿es sólo un elemento de decoración en la imagen de conjunto de una persona, o puede comunicarnos algo sobre su carácter y esencia? Al parecer, el pelo está sobrevalorado en su función corporal, pero infravalorado en su valor informativo intrínseco.

Este desacuerdo sobre el tema lo volvemos a encontrar también en la lectura del rostro. Por numerosas que puedan ser las distintas técnicas de lectura del rostro, no todas se ocupan del significado del cabello ni lo ven como un factor útil de reconocimiento en el proceso de «visibilización» de una persona. Sin embargo, en el siglo pasado algunos lectores del rostro difundieron la idea de que el cabello era sólo un reflejo de la moda, y que su función era únicamente de embellecimiento. Se habían olvidado antiguas sabidurías y observaciones, que las generaciones del pasado habían observado y verificado, de que nosotros a través del cabello expresamos nuestra personalidad de manera subconsciente, y que nuestro cuerpo puede evidenciar por medio del cabello defectos, déficits y enfermedades, también de naturaleza anímica. Hoy día, los lectores del rostro de todo el mundo que sean observadores toman nota del cabello y aprecian su valor informativo –y esto no vale sólo para el cabello, sino también para la barba, las cejas, las pestañas, es decir, para todo tipo de pilosidad facial.

El hecho de que el pelo sea tan importante se explica fácilmente con la ayuda de la lectura china del rostro, el Siang-Mien. Sus maestros clasifican las distintas señales del rostro de manera gráfica en ríos y montañas. Un río puede a veces modificar extremadamente rápido su curso, sus características, su movimiento, de manera permanente. Por el contrario, un monte es casi fijo. Pero sólo casi, en efecto, también él puede variar su «apariencia». Pensemos, por ejemplo, en la fuerza de los terremotos, los aludes de rocas o las tempestades, que producen cortes en las zonas boscosas de los montes. Sin embargo estas modificaciones no son tan frecuentes y a menudo se han de comprobar con cuidado. Así, los lectores chinos del rostro atribuyen a los ríos aquellas características faciales que producen importantes

modificaciones en breve plazo o que pueden aparecer de manera independiente. A éstas pertenecen especialmente los ojos y la boca, por lo que aconsejo a mis alumnos que estudien en profundidad estas partes del rostro –en efecto, para lo que se pueda verificar en el rostro digamos que los ojos y la boca tienen la última palabra–. A través de la musculatura de la cara son extremadamente flexibles en su capacidad de representación y reaccionan a los estímulos a través del nervio facial (*nervus facialis*) de manera rápida en unos pocos microsegundos. Su valor informativo lo supera todo. La forma del rostro, la mandíbula, el maxilar, la frente, la nariz y las orejas son para el lector chino del rostro como montañas. Sus variaciones son sólo pasajeras, puntuales, o reconocibles únicamente en el transcurso de los años. Sólo cuando sucede algo de profundo significado están «preparados» para que se produzca en ellos un cambio rápido.

Pero ¿dónde ven los lectores del rostro el pelo en este esquema metafórico? En realidad, al cabello le corresponde un papel especial, y así puede representar tanto ríos como montañas. Para ello no necesitan ningún pretexto para la modificación y el ajuste como las montañas, ni pueden variar ni cambiar como los ríos.

Así, por ejemplo, algunos hombres en el curso de su vida adulta no modifican ni siquiera una vez su corte de pelo. Han encontrado su peinado ideal y no desean modificarlo para nada. Sólo el encanecer o el que se vuelvan calvos aporta una modificación. En este caso, el cabello es como una montaña. Por otra parte, imaginemos una mujer joven, dinámica y creativa, que casi cada semana se tiñe el pelo y adopta un peinado diferente. Llevar cada día el mismo peinado le parecería aburrido y no correspondería a su naturaleza. En este caso, los pelos son ríos. Esto es verdad sobre todo para el cabello largo, que en pocos minutos se puede modificar y arreglar de distinta manera varias veces en el día (*véase* el capítulo «El peinado y las emociones», pág. 181.

Es precisamente esta dificultad de la coordinación lo que hace que el cabello sea tan especial, porque gracias a él podemos obtener información sobre problemas de salud y anímicos. Decimos «tengo los pelos de punta» cuando nos alteramos por algo, cuando estamos agitados, lo cual con frecuencia se manifiesta con los pelos de punta. No pocas personas, después de vivir experiencias traumáticas, muestran rápidas transformaciones en la estructura del cabello, y algunas incluso en el color. Una enfermedad o una alimentación carencial o defectuosa, que se manifestarían en el rostro sólo a medio plazo o incluso después de un largo período de tiempo, se muestran rápidamente en el cabello. Por esta razón, el cabello es una útil fuente de información que el lector del rostro experimentado no quisiera perderse.

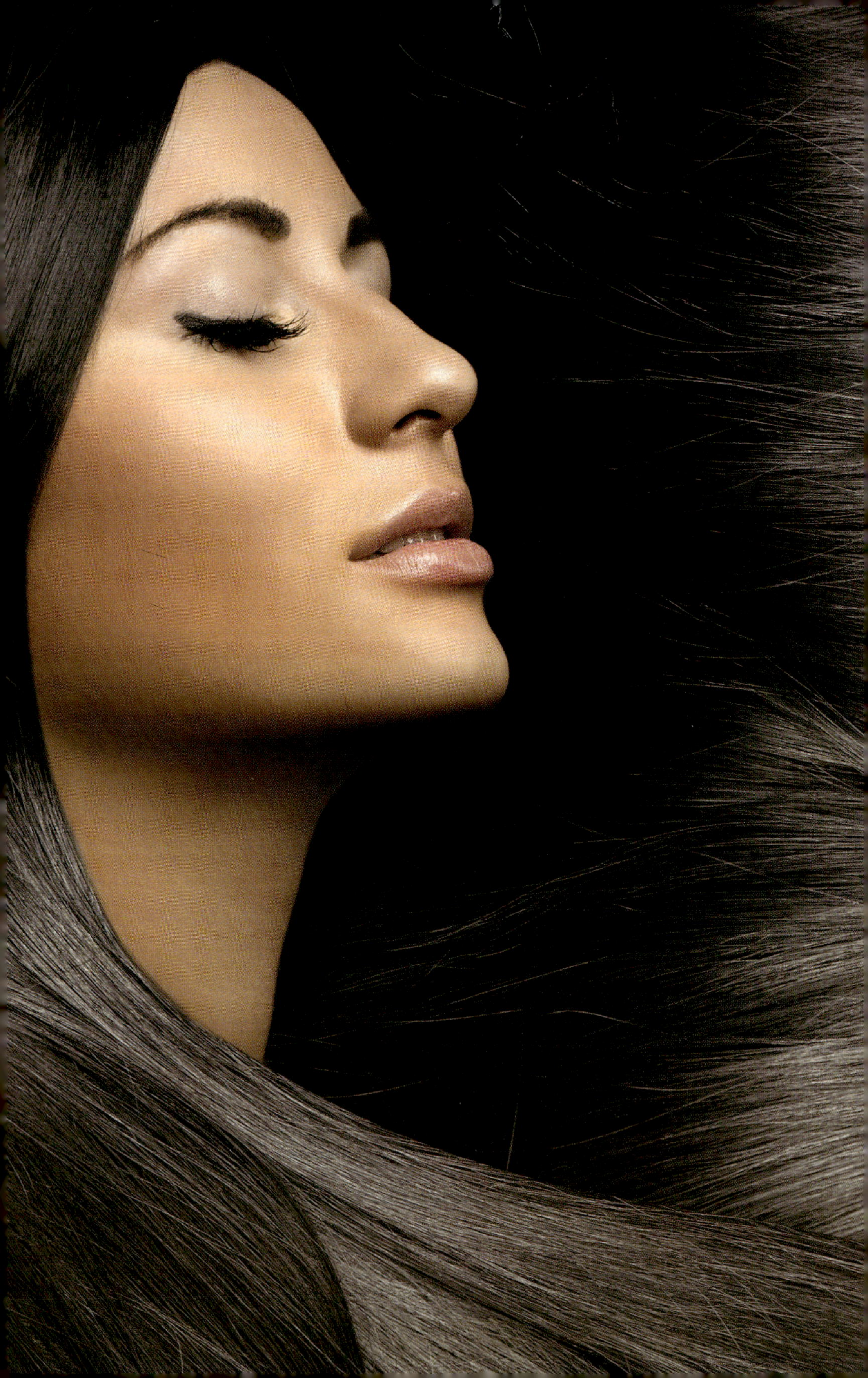

SIGNIFICACIÓN del *cabello*

EL CABELLO EN LA HISTORIA

Nuestro antepasado, el *Homo erectus*, tenía poco en común con nosotros respecto al vello corporal: hace 50.000 años, el cuerpo «humano» estaba cubierto casi completamente con un pelo grueso, denso y largo. Era la época del descubrimiento y dominio del fuego, de las primeras grandes migraciones y el inicio del uso de vestimenta, que al principio consistía en pieles. La adaptación genética concomitante al calor del fuego y a la vestimenta protectora llevó a la pérdida del vello y al desarrollo del *Homo sapiens*. El naturalista británico Charles Darwin (1809-1882) demostró que esa pérdida de la pilosidad era una ventaja evolutiva en la historia de la humanidad, ya que menos pelos implicaban menos parásitos sobre la piel, y en consecuencia una mejor salud y calidad de vida.

Hace 25.000 años terminó la última era glacial, pero el *Homo sapiens* todavía compartía el territorio con los neandertales. El hombre era cazador y recolector, pero ya había descubierto formas y símbolos, y se mostraba creativo en la pintura y el arte de entallar, pero también en las maneras y modos de acomodarse el pelo. Las figuras talladas de marfil de mamut y los rostros nos dan información sobre este desarrollo. En los milenios siguientes el hombre experimentó muchos cambios culturales, que también afectaron a la relación con su pelo. El peinado tuvo un papel creciente en la historia humana, como muestran los siguientes ejemplos:

Egipto

En el año 1900 se produjo un hallazgo espectacular en Egipto: fue descubierta una momia de 5.500 años. Los descubridores le dieron el nombre de Ginger, porque tenía la piel blanco-amarilla, y el cabello rubio, ondulado, casi rizado. Presumiblemente pertenecía a la cultura Naqada, que todavía ocupaba la región antes del primer faraón. Sobre su corte de pelo no hay nada más que decir, pero parece claro que ya esta temprana cultura conocía una gran variación de colores para el pelo. Los colores de pelo oscuros, rojizos o castaños estaban ampliamente representados, así como los moños rubios.

En el antiguo Egipto el peinado era una indicación de la condición social y de la prosperidad de los individuos. Además en el caso del peinado había reglas específicas para las distintas fases de la vida. Así, los hombres y las mujeres de mediana edad llevaban el pelo largo hasta los hombros o incluso corto, y parcialmente afeitado en la zona de la nuca. También era habitual y socialmente aceptado que los jóvenes adultos llevaran la cabeza completamente afeitada. Éstos mantenían únicamente un mechón lateral en su cabeza, llamado el mechón de la juventud (*lock of youth*), que se cortaba al alcanzar una edad más madura, para ilustrar su entrada en esta nueva fase de sus vidas. Llegados a este punto, el joven adulto  podía escoger si quería llevar el pelo corto o dejárselo crecer. Para demostrar salud y fuerza en una edad más madura, según la posición social, era habitual llevar peluca, de manera que se podía ocultar la falta de cabello o el hecho de que se volviera gris, y se podía presumir de una sana y magnífica cabellera. Las pelucas se utilizaban también para proteger del sol el propio cabello.

Para las mujeres en el reino del antiguo Egipto (2700-2200 a.C.) era moda llevar el pelo más corto, mientras que las mujeres del Imperio Nuevo (1550-1070 a.C.) dejaban crecer su cabellera, para exhibirla trenzada o sujeta en rizos. Como adornos para el pelo se utilizaban flores idóneas, tejidos y bandas para la frente, piezas de marfil, esferas de metal y agujas para el pelo. Además, se teñía el pelo con henna. Los peinados eran una manifestación de la individualidad. Las damas de la más alta alcurnia rechazaban los velos para cubrirse la cabeza y con ello la cabellera.

Grecia
Una ampliación de la cabellera egipcia era el peinado clásico de la antigua Grecia (hacia 800-350 a.C.). De manera general, las mujeres griegas se dejaban crecer el pelo más largo y lo exhibían en peinados complicados. También a ellas les gustaba adornar su pelo con flores, cintas y piezas de metal, pero en su caso intervenían llamativos trenzados o recogidos. Puesto que el pelo rubio era extremadamente raro, muchas mujeres intentaban teñirse de rubio o también de rojo. Quien se lo podía permitir utilizaba incluso polvo de oro, para causar mayor sensación. Los hombres griegos, por el contrario, se hacían cortar el pelo corto o afeitado, pero llevaban barba.

Roma
En los primeros tiempos de Roma (700-500 a.C.), los hombres llevaban el pelo largo y barbas cerradas. Con el paso del tiempo, sin embargo, adoptaron el pelo corto y la cara bien afeitada. La mujer romana típica, la mayor parte del tiempo, llevaba el pelo suelto hasta los hombros, únicamente retenido

por una cinta, de manera que quedaba ceñido a la cabeza. Las muchachas jóvenes lucían una especie de moño sobre la nuca. Esta moda que al principio era sencilla sufrió una variación en tiempos del emperador Augusto (63 a.C.-16 d.C.), cuando se introdujeron peinados más complicados, ya que se había de poner en evidencia la condición y la individualidad de la persona a través del peinado. Así, por ejemplo, las damas de alta condición empleaban cabellos falsos para que el suyo pareciera más largo y abundante. La mayor parte de éstos se llevaban bajo forma de rizos, colocados de manera complicada, en trenzas o en moños.

India

En el subcontinente indio y en las regiones limítrofes en tiempos védicos (1500-500 a.C.), había la costumbre de afeitarse la cabeza como los jóvenes egipcios, y dejar crecer un mechón de cabello en la nuca o a un lado de la cabeza. La razón de esto es que Dios tenía que tener por donde agarrar a la persona para llevársela al cielo. Para la mujer de la época, un adorno de piedras preciosas que rodeaba la cabeza era una manera de mostrar su estilo de vida privilegiado. Entre los años 320 y 550 d.C. las mujeres llevaban el pelo corto, o si lo llevaban largo

era en un moño sobre la nuca o a un lado de la cabeza. En esa época los hombres lucían el pelo preferentemente trenzado hasta los hombros.

Como consecuencia de la influencia musulmana, a partir del siglo VI los hombres y las mujeres ocultaban su cabellera en público. Mientras los hombres llevaban un turbante, era moda para las mujeres utilizar como accesorio el tradicional velo. Esta moda ha sido mantenida hasta hoy en día en algunas pocas regiones, pero con el paso del tiempo la mayor parte de la población india volvió a la costumbre de llevar la cabeza descubierta. Hasta la fecha esto ha cambiado poco y el ideal de belleza femenina consiste en llevar el cabello oscuro en toda su longitud y, como variante, llevarlo artísticamente recogido o trenzado.

China

Los peinados femeninos en la antigua China (1600-1000 a.C.) variaban en su configuración según la edad y el estado civil. El cabello en sí se cortaba poco o nada, por lo que la mayoría de las chinas presentaban longitudes de cabello considerables. El sentido profundo de este hecho era que el cabello era una herencia de los padres y el cortarlo habría sido una falta de respeto. Las muchachas llevaban su largo cabello descubierto, mientras que las mujeres no casadas, trenzado. Como señal de su estado matrimonial, muchas mujeres chinas utilizaban agujas de pelo adicionales, llamadas *Buyao*, con las cuales podían crear peinados clásicos a su gusto.

Japón

Después de que durante siglos las mujeres japonesas llevaran el pelo largo y sin sujetar, como muestra de belleza y atractivo, el siglo VII trajo consigo una modificación de los ideales de belleza con un nuevo estilo: ahora las damas nobles llevaban el pelo pegado a la cabeza con una cola de caballo en forma de hoz, llamada *Kepatsu*, que se apoyaba en la espalda. Esta moda se siguió hasta bien entrado el siglo XIV. En el período Edo (1603-1868), la mujer se decantó por estilos más complicados, mostrando distintas formas de nudos, que adornaban con cintas, flores y peines. Junto con esta tendencia hubo también mujeres que preferían un estilo más sencillo, llamado *Box Shimada*. En este peinado un pasador sostenía el pelo en una cola de caballo entrelazada varias veces sobre la cabeza. Los peinados de los hombres japoneses de esta época se parecían a los de los chinos y se apretaban fuertemente en una cola de caballo, de manera que se podía también afeitar la cabeza con excepción de la parte media.

África

Las muchas tribus africanas son tan diferentes como variadas son también las costumbres relacionadas con los distintos peinados. Enumerarlas todas requeriría de un capítulo propio. Por ello queremos destacar sólo a los masai, un pueblo nómada que vive en África occidental y cuyos guerreros dedican muchas horas al recíproco trenzado del cabello. Para acompañar simbólicamente la despedida de un miembro de su comunidad, los masai se tiñen el pelo de rojo. El afeitado de la cabeza

LOS PELOS DEL DIABLO

Desde la Edad Media se llaman «pelos del diablo» aquellos pelos que se manifiestan en lugares inhabituales del cuerpo. Entre éstos tenemos por ejemplo los pelos pertinaces negros que crecen en las manchas hepáticas o en los lunares. Los pelos del diablo pueden aparecer en cualquier parte del cuerpo. Especialmente llamativos son los que crecen en la barbilla o en la mejilla, o cuando aparecen en las cejas con una longitud, o una estructura o un color distintos. A causa de la imaginación medieval que consideraba que el diablo había dispuesto esos pelos en todo el cuerpo, éstos representaban una incomodidad y una molestia. Se acostumbraba a cubrirlos o afeitarlos para que nadie pudiera verlos. Ya en su apogeo, la Inquisición trataba estos pelos con gran suspicacia, sobre todo en los casos en que a la persona afectada, a causa de su cabellera roja, se le atribuía «una conexión con el diablo».

representa una singularidad, que simboliza un nuevo tramo vital tanto para los hombres como para las mujeres. Así, en la mujer el afeitado total de la cabeza indica un nuevo inicio, que se anuncia con la boda, mientras que en el caso de un muchacho se le afeita la cabeza antes de la circuncisión. Después podrá dejarse crecer el pelo hasta convertirse en guerrero. A partir de ese momento su pelo estará trenzado para que todos en la tribu lo vean.

América

Lo mismo que las variadas costumbres de las tribus africanas, también entre los habitantes originarios de América se practican distintos estilos. Así, los miembros de las tribus de la costa este se afeitan la mayor parte de la cabeza, con excepción de la llamada «cresta», que se dejan en la parte alta del cráneo. En otra variante, los guerreros se afeitan la cabeza hasta dejar una corona de pelo que rodea la cabeza y que se llama «tonsura». Para este peinado, junto con el propio pelo, se puede utilizar también pelo artificial. Incluso se acostumbraba a teñirse el pelo de un color claro. Muchas tribus de las praderas del Medio Oeste asociaban el pelo largo de los hombres con la fuerza, la libertad y la sabiduría. Cuanto más fuerte y abundante crecía el pelo de un hombre, más se le atribuían estas virtudes. Las mujeres se adornaban el pelo trenzado o recogido con perlas o plumas.

El mundo occidental

Durante mucho tiempo en los peinados de los europeos dominaron los estilos de los griegos y de los romanos, sin embargo, la caída de Roma, la creciente influencia de la Iglesia y el inicio de la Edad Media trajeron consigo un nuevo estilo. Todavía entre los siglos V-VIII los guerreros germánicos influyentes llevaban el pelo peinado en un nudo sobre la cabeza, por un lado para exteriorizar su autoridad, y, por otro, para intimidar a sus adversarios. Perder este peinado significaba una vergüenza personal que había que evitar. La mayor parte de los hombres sin una posición de fuerza especial lucían el pelo suelto sobre los hombros e impresionaban por medio de sus largas y pobladas barbas. Funcionaba así: cuanto más baja era la posición social, más corto era el cabello. Los esclavos y los prisioneros de guerra se afeitaban a cero, porque una cabeza afeitada era señal de total sumisión. Con los años, esto valió también para las órdenes monásticas: los monjes se afeitaban ellos mismos la cabeza en forma de tonsura, de manera que en la parte superior de la misma se veía una zona calva. También en este caso la tonsura era señal de sumisión, aunque no a una autoridad mundana sino a una más elevada.

En el siglo VIII la alianza de los reyes, más tarde de los káiser, con el papado, modificó también la moda de los hombres. Éstos empezaron a afeitarse las barbas y a llevar peinados más elaborados. Bajo el papa Gregorio VII (1020-1085) por primera vez en el año 1073 se prohibió al clero llevar barba, y apenas dos decenios más tarde, en 1096, el arzobispo de Rouen decretó que los hombres que a partir de entonces llevaran barba serían excomulgados por la Iglesia.

En el siglo XI se puso de moda el corte a lo paje, y el cabello se cortó por encima de las orejas y en forma ligeramente oblicua y redondeada alrededor de toda la cabeza. En esa época el peinado femenino era igualmente sencillo. La mujer llevaba el cabello largo hasta la rodilla recogido en dos trenzas que se disponían ya sea a ambos lados y dejadas sueltas, o recogidas en un moño, para permitir en los días especialmente calurosos algo de frescor en la nuca. Progresivamente, la Iglesia fue introduciendo una variación a esta moda. Las mujeres debían cubrirse con un velo puesto que el cabello femenino, según sus representantes, era erotizante. También en ese tiempo apareció la cofia, o toca, y la expresión «ponerse bajo la cofia» sigue describiendo hoy en día la finalidad de ese «adorno del cabello». Con el tiempo se volvió a aceptar el moño en la parte de atrás de la cabeza, lo que iba a influir en las tendencias de los siglos siguientes.

Entre los siglos XIII y XIV las mujeres adoptaron la moda de trenzarse el pelo en tres trenzas y recogerlas en la parte de atrás de la cabeza con una redecilla. Según la condición de la mujer, estas redecillas eran muy artísticas y decoradas con adornos. Las mujeres casadas además se cubrían el pelo con velos, redecillas o sombreros.

En el Renacimiento (siglos XV-XVII), las mujeres se estiraban la parte alta del cabello de la frente para retirar hacia atrás el inicio del pelo y obtener un efecto óptico de poseer una frente más alta. Este cabello fuertemente estirado hacia atrás dejaba espacio para añadidos lujosos, como por ejemplo varias trenzas entrelazadas entre ellas. En esa época el color ideal del pelo era el rubio, de manera que muchas mujeres intentaban aclararse el pelo con distintos métodos de tintura, azafrán o un colorante conseguido de la piel de las cebollas.

Un percance fue claramente el responsable de la moda del peinado en el siglo XVI: después de que el rey francés Francisco I (1494-1547) involuntariamente se quemara el pelo con una antorcha, muchos de sus súbditos adoptaron su «estilo», llevando el pelo y la barba cortos. Ese tiempo correspondió también a la época isabelina, por lo que la reina inglesa Isabel I (1533-1603) fue la responsable determinante de las «tendencias» femeninas. Las damas influyentes de la sociedad imitaban su tez naturalmente pálida y su cabello rojo, por lo que se empleaban gran cantidad de pelucas rojas y de polvos blancos.

En el siglo XVIII llevar peluca se había convertido en una tendencia general en las cortes europeas (*véase* recuadro, pág. 145). La precursora de esta moda fue la nobleza creativa francesa, sin embargo, con el tiempo también la burguesía acomodada empezó a llevar pelucas blancas empolvadas en sustitución del pelo. Los hombres fijaban la larga trenza de la peluca en la nuca y la envolvían ya sea en un saquito negro de seda o la sujetaban simplemente con una cinta negra. En la primera mitad del siglo XVIII, las mujeres preferían llevar el pelo de las pelucas encrespado y empolvado, que se podía adornar con velos y guirnaldas para las distintas ocasiones. Más adelante, los pomposos peinados de algunas señoras tenían que ser afianzados con estructuras de alambre o rellenados con crin de caballo. Tenían un gran inconveniente: estos peinados atraían los bichos. Alrededor de 1790 la Revolución Francesa cambió bruscamente esta moda. El estilo suntuoso de la nobleza recibió críticas, y se consideraron reprobables no sólo los pomposos peinados y vestidos, sino todo tipo de lujo y fasto. La nueva sociedad revolucionaria dio preferencia a un estilo sencillo y sobrio, que se puso de moda en los siguientes decenios.

La época victoriana (1837-1901) se decantó por una belleza discreta y natural. Se consideraron importantes la higiene y la salud. La mujer debía brillar por su recato y salir sin polvos y sin afeites. Su peinado debía ser sin duda elegante, pero sencillo. Una variante consistía en ponerle aceite, peinarlo hacia los lados desde la coronilla y luego colocarlo en una larga trenza a ambos lados de la cabeza. Los rizos que con frecuencia quedaban libres a los lados más tarde se sujetaban en un moño apretado. Los hombres llevaban el pelo relativamente corto, ocasionalmente ondulado. El aceite de Makasar era muy apreciado como acondicionador del cabello. Para la estética se adoptaron en ese tiempo bigotes, patillas u otras formas de barba.

En los dorados años veinte, la sociedad estaba harta del puritanismo de la época victoriana. Gozaba de gran aceptación el nuevo corte de pelo «a la *garçon*», que era el símbolo de la creciente libertad y autoafirmación de la mujer. Frecuentemente visto en las películas de cine, alentaba a la mujer moderna a organizar su belleza y su individualidad de una nueva forma. Para representar el ideal de la mujer atractiva y a la moda, ahora muchas se depilaban las cejas hasta dejarlas en unos arcos finos, que ellas dibujaban y ponían de relieve. Los hombres seguidores de la moda se marcaban una raya en el medio o cerca del medio de la cabeza y, acto seguido, se peinaban el pelo de los dos lados en dirección a la parte de atrás de la cabeza. Para ello utilizaban una sustancia aceitosa y perfumada, que daba brillo y debía mantener el pelo en su sitio.

Entre 1930 y 1940, es decir la época de la crisis económica mundial, los peinados de las mujeres volvieron a ser otra vez más naturales. De la década de 1920 sólo sobrevivió la permanente. Se llevaba el pelo largo hasta el cuello, y una de las pocas extravagancias consistía en llevarlo de color platino, que se convirtió en el color de pelo preferido. Los hombres lucían el pelo corto peinado hacia atrás, fijado normalmente con un gel o una pomada. Fue popular un bigote cortado fino como el del actor de cine Errol Flynn (1909-1959).

En los tiempos poco seguros después del final de la Segunda Guerra Mundial (1939-1945) la seguridad, la tradición y los valores conservadores eran importantes. Como consecuencia, las mujeres dedicaban ahora otra vez más tiempo al cuidado de su cabello, para vivir el ideal de belleza correspondiente a esos valores: querían trabajar en el hogar y a la vez como mujeres. El cabello se resintió por ello; en efecto, los peinados acomodados en ondas y con altos crepados eran elegantes, pero perjudiciales. Los hombres peinaban su cabello rigurosamente hacia atrás, lo llevaban pegado a la cabeza y utilizaban fijapelo para mantenerlo en su sitio.

En los años sesenta del siglo pasado las mujeres abandonaron su ámbito doméstico, volvieron al mundo del trabajo, iniciaron carreras y reclamaron sus puestos en igualdad de derechos. Esto volvió a reflejarse también en el estilo: los complejos peinados de los años cincuenta, que requerían tanto tiempo, dejaron su sitio a unas variantes más prácticas. Daban la nota los cortes de pelo sencillos o incluso largos de estilo sencillo, y el cabello liso.

La cultura pop relevó al no menos rebelde rock and roll, y estableció los principios de la moda. Los Beatles aparecieron en escena en 1964 por primera vez con sus «cabezas fungiformes», y provocaron una revolución en el mundo del peinado masculino. Sin embargo, esto no fue todo, en efecto, el paso de los años sesenta a los setenta tenía

preparada una «fuerza explosiva» cultural todavía mayor: jóvenes de todo el mundo protestaban contra los viejos valores y principios morales de las generaciones anteriores, por lo que se produjo un punto de inflexión en cuestiones de gustos y de apertura cultural. Se rompió con todos los patrones que habían dominado hasta ese momento. El movimiento hippy se popularizó, y con él su moda y su visión del mundo liberal y pacifista bajo su lema de «Paz y Amor libre». El Musical *Hair* (*véase* recuadro, pág. 44) popularizó el pelo largo, peinado detrás de las orejas y los peinados afros, que se convirtieron en una expresión de protesta y rebelión. Personas de distintos grupos étnicos llevaban el pelo largo natural, y el peinado afro se completaba con los *dreadlocks* o rastas. Hacia el final de los setenta con el movimiento punk surgió una nueva oposición social. Los punks escandalizaron y provocaron de manera consciente con sus peinados en forma de crestas, su cabello teñido de colores chillones y el cuero cabelludo tatuado.

En los años ochenta la sociedad se volvió a relajar. Se vivía en la abundancia y esto se manifestaba también en la moda y en la alegría de vivir. Los peinados estaban en consonancia, y las estrellas pop, como Madonna y Cyndi Lauper exhibían un nuevo estilo. Caras muy maquilladas, llamativos colores neón en la moda y cabellos teñidos de varios colores formaban parte de ese estilo. El aspecto andrógino de la cantante Sinnead O'Connor, con la cabeza afeitada a cero, definía ese tiempo tanto como el cabello largo y coloreado de las bandas de Heavy Metal. Estos peinados tenían muchos partidarios, sin embargo producían también rechazo. Los llamados *yuppies* (*young urban professionals*) tenían su propio concepto de estilo e importancia. Los jóvenes que en el pasado habían sido conservadores preferían llevar el pelo corto y usaban geles y pomadas para mantener el pelo en el sitio deseado.

Con los años noventa se popularizó el estilo «unisex». Los salones de belleza ya no eran dominio exclusivo de las mujeres, sino que se abrían para ambos sexos –y para variados nuevos cortes de pelo–. Uno de los peinados más buscados en esa época fue el *grunge*, en el cual se llevaba el pelo a mechones y desordenado, y gracias al uso de un gel o de una cera para el pelo no necesitaba ser lavado. Otros, por el contrario, preferían el pelo cortado muy corto a ambos lados de la cabeza, y el pelo superior peinado hacia arriba en el medio de la cabeza y fijado con gel. Las barbas suaves y creativas volvían a despertar el interés del mundo masculino.

Para el inicio del segundo milenio podemos afirmar que nunca se han dado tantas variaciones y estilos como en los llamados *Nullerjahren* (los años que van del 2000 al 2009). Hoy en día ya no hay ningún valor uniforme, sino tendencias generales sutiles que seguimos según nuestros deseos. El mundo está en rápido movimiento y es individualista, y no otra cosa muestra la variedad de nuestros peinados.

LA MAGIA DEL CABELLO

El cabello desprende una fascinación mágica. Es independiente de la moda y trasciende las culturas. En efecto, en cualquier parte del mundo el pelo ha cautivado y cautiva a las personas. Es discutible que esto se base sólo en sus posibilidades de autoafirmación y de autopresentación creativa: su significación ha de ser más profunda.

Por ello es conveniente considerar la relevancia del cabello en distintos círculos culturales, para de esta manera sacar conclusiones sobre su significación espiritual para las personas, así como su mágica fuerza de atracción. En realidad, en muchas civilizaciones desarrolladas la sede del alma o de nuestro espíritu no se supone en el corazón, sino en la cabeza de las personas. Incluso algunas culturas creen que esta sede se halla fuera de la cabeza, posiblemente en el pelo de una persona. Así, la religión sikh de la India, a la cual pertenecen 23 millones de personas en todo el mundo, añade al cabello la capacidad de percepción de las vibraciones sutiles. Los sikhs consideran el pelo como una extensión del espíritu, que, como los pelos del bigote de un gato, funcionan como antenas y muestra una condición natural de la compenetración con el cuerpo. Por esta razón ni se plantean el corte del pelo ni de la barba. Otro indio, Yogi Bhajan (1929- 2004), que introdujo el kundalini yoga en Estados Unidos, veía en el corte del pelo incluso la pérdida de la fuerza vital de las personas. El cabello tenía que poder alcanzar su «longitud plena», y esto actuaría de manera positiva en la producción de fósforo, calcio y vitamina D, así decía Bhajan. Finalmente, mejoraría nuestro pensamiento, resistencia y nivel de energía.

También los grandes generales eran conscientes de su poderoso significado. Así el príncipe mongol Gengis Khan (1155-1227) hacía que sus súbditos llevaran flequillo, para tapar su tercer ojo y así obstruir su intuición, su instinto y su conocimiento. Los judíos ortodoxos, por el contrario, tienen la costumbre antes de la boda de cortarle el pelo a la novia, ya que sólo el pelo que crezca después le otorgará a la mujer la fecundidad deseada en el matrimonio. En oposición a esto, el islam conoce el precepto del velo. Muchos musulmanes consideran el cabello de la mujer como un elemento sexualmente atractivo, por lo que no es frecuente que lo muestren, sino que debe ser ocultado con un pañuelo. De esta manera se impide que los hombres sean provocados en su lujuria e importunen a las mujeres o que puedan ser infieles a su propia esposa.

Nos gustaría poder desaprobar la mentalidad y las costumbres de culturas extranjeras, sin embargo, también en nuestra cultura occidental cristiana se hallan ejemplos referidos a la magia del cabello. La Biblia cuenta la historia de Sansón y Dalila. Antes del nacimiento de Sansón un ángel le comunicó a su madre que tendría un hijo con una fuerza descomunal, y que su cabello, que era el símbolo de esa fuerza, no debería jamás ser cortado. Sin embargo a Sansón, a causa de una artimaña de Dalila, le cortaron su largo cabello, y así le robaron su invencibilidad y su conexión con lo divino. También los merovingios, la más antigua familia real de los francos, asociaban las fuerzas mágicas con el cabello largo y por este motivo no se cortaban el pelo. Ellos pasaron a la historia como los reyes de pelo largo.

En los tiempos actuales se atribuye a las rastas una conexión espiritual. Muchos rastafaris llevan rastas (*dreadlocks*) para exteriorizar su conexión con Dios. Tratan el cuerpo como un templo de Dios, y consideran la cabeza como la parte más santa, por lo cual el cabello constituye la corona natural. Para ellos el cabello representa una «línea de alta tensión» que, como antenas helicoidales, sirve para enviar y recibir inspiración. La figura de las antenas en este caso representa no sólo la entrada de informaciones, sino también el envío de las mismas. Los experimentos con la fotografía Kirlian hicieron visible el hecho de que nuestro cabello emite energía. Se prepararon dos fotografías de la misma persona, primero con el pelo largo, y luego con el pelo cortado corto, y se estableció una diferencia con respecto a la energía electromagnética.

Aunque todos los aspectos espirituales tengan o no una contrapartida científica, sigue siendo importante saber que el cabello es de gran significación. Nosotros nos comunicamos a través de nuestro pelo, porque mediante nuestro trato personal con él hacemos público lo más íntimo de nosotros y enviamos importantes mensajes a nuestros semejantes, como si se tratara de un plano de comunicación no verbal. El peinado puede exteriorizar nuestra condición actual, así como respaldar nuestro estado vital, y de este modo ofrecer transparencia al observador atento. Por este motivo, en tiempos pasados el cabello servía para anunciar el papel que desempeñaba cada individuo y su función social. Pero ¡cuidado!: no deberíamos considerarlo como un uso arcaico, en efecto, hoy en día las cosas no han cambiado mucho en este aspecto. También para los hombres «modernos» el cabello es más que un accesorio a la moda, que sirve únicamente la finalidad de un ideal estético. El peinado escogido por el individuo es una manifestación de su espíritu y con ello de su desarrollo personal. El cabello nos da la posibilidad de comunicar nuestro mundo afectivo actual, ya que cada peinado tiene la posibilidad de manifestar una determinada disposición de ánimo. Ya los ejemplos diarios muestran lo que revela sobre nosotros la relación que mantenemos con el cabello:

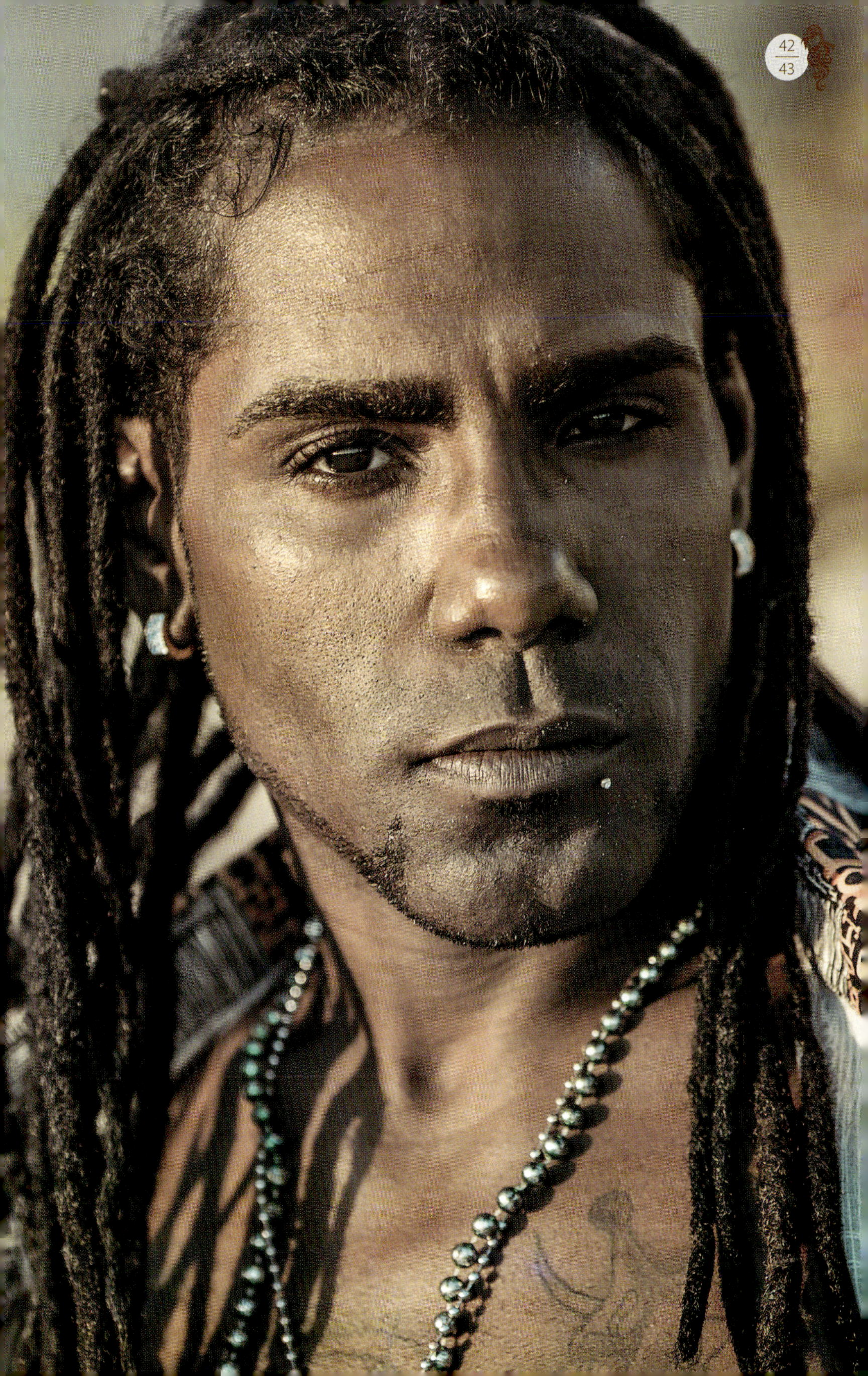

EL MUSICAL *HAIR*

El 29 de abril de 1967 se estrenó en Nueva York el musical *Hair* con el título completo de: *Hair – The American Tribal Love-Rock Musical*. Rápidamente llegó a convertirse en el musical de más éxito en el mundo. Muchos probablemente lo conocerán por la versión cinematográfica del clásico de 1979. El musical seguramente será considerado siempre como un hito de la cultura pop, que tuvo una gran influencia sobre los peinados de generaciones enteras.

La historia se desarrolla en Nueva York en el año 1965. Trata de un grupo de hippies que, bajo el «signo de la época de Acuario» y en contra del *establishment*, vive, ama y protesta contra la llamada a filas para la guerra de Vietnam. En el centro se encuentra la relación entre tres personas, que viven al día y sin rumbo, hasta que la llamada a filas de uno de ellos hace aflorar conflictos internos y externos de los implicados. Los sentimientos patrióticos, la propia procedencia burguesa y los ideales pacifistas chocan entre sí.

› El modo y la manera como movemos el peine nos da indicaciones sobre la orientación momentánea de nuestro pensamiento tanto en el plano material como en el personal. Esto es especialmente claro cuando, con la ayuda del peine, nos hacemos una raya (*véase* pág. 133).
› El trenzado de un moño muestra el deseo íntimo de una unidad de pensamiento. Quisiéramos organizarnos y poner las cosas en su sitio (*véase* pág. 152).
› Cambiar el color de pelo es la manifestación de nuestro convencimiento mental actual y se utiliza para reforzar la imagen que quisiéramos alcanzar de nosotros mismos en nuestra vida (*véase* pág. 100).

El cabello es, pues, mucho más que tan sólo una forma de decoración y manifestación externa, y no sólo una apariencia conforme a la moda. Independientemente de las distintas épocas, acontecimientos históricos y exigencias sociales, el cabello es una llave hacia nuestro interior, hacia el encanto que se halla dentro de nosotros. Representa la fuerza, la intuición y la confianza en nuestra percepción interior y exterior. De esta manera, recae en el cabello una magia especial, una significación espiritual.

EL CABELLO EN LOS SUEÑOS

El tema del cabello es omnipresente, porque cuando contemplamos a las personas vemos también su pelo. Muchas personas incluso sueñan con él –muy a menudo y hasta casi diariamente–. Cuando reflexionamos sobre qué fuerza simbólica le corresponde al cabello en la vida real, habría que preguntarse primero cuán grande es en los sueños el deseo de comunicarse.

El cabello desempeña siempre un papel en los sueños, cuando ocultamos algo o, por el contrario, deseamos presentarlo y ponerlo en evidencia. Cuando soñamos con el cabello, la mayor parte de las veces el significado de estos sueños tiene que ver con la protección o con el atractivo y la sensualidad. Según la interpretación de los sueños chocamos ahí con diferentes conjeturas. Los psicólogos posiblemente encontrarán indicios sobre el estado físico y psíquico. Para algunos el cabello simboliza la masculinidad, la potencia sexual y la fuerza vital, así como la fuerza primitiva, lo salvaje y también la animalidad. Según Sigmund Freud (1856-1939), el fundador del psicoanálisis, el cabello, en cuanto señal secundaria distintiva del sexo, tiene una significación casi fálica. Los intérpretes de sueños de orientación espiritual ven en el cabello una manifestación del lado animal e instintivo del ser humano. Ellos también reconocen su contenido erótico.

El cabello en los sueños actúa como el adorno natural del hombre y como un velo lleno de promesas para la mujer. Pero ¿qué significado especial tiene el cabello en los sueños? ¿Qué significa por ejemplo el cabello cortado, el color de cabello cambiado o el cabello quemado? Un análisis de los distintos posibles significados puede darnos una explicación.

El corte de pelo y el peinado

En el sueño, una mujer con el pelo largo representa la feminidad y la fuerza de atracción. Una desconocida con el pelo largo y hermoso puede significar una amistad inminente y una suerte próxima. Un hombre con el pelo largo indica potencia, libertad y el deseo de independencia moral y sexual. Pero puede significar también atribuir una importancia exagerada a la propia inteligencia. El cabello corto, por el contrario, representa la reducción, la simplificación o una autorreducción. A esto se pueden añadir exigencias sexuales reprimidas.

Sin embargo, raramente se presentan en los sueños cortes de pelo determinados, pero cuando lo hacen llaman la atención sobre difíciles mundos afectivos. Por regla general hacen alusión a disgustos, preocupaciones y sentimientos de pérdida. Cuando percibimos un corte de pelo determinado, a menudo éste denota miedos o un sometimiento. Si les cortamos el pelo a otras personas, puede representar una alusión a una enemistad nuestra. Pero, posiblemente, detrás de ello se halle también nuestro deseo de conseguir ganancias a costa de otros. De esta manera, asimismo se pueden manifestar situaciones difíciles, privaciones o el miedo de perjuicios a la reputación.

El cabello trenzado indica que queremos restablecer una relación. Las mechas de pelo sueltas vistas en el sueño son una buena señal para un amor inminente o afortunado. Las flores en el pelo nos dan seguridad. Un sueño de este tipo nos señala que los problemas son menos amenazadores de lo que nos esperábamos.

Cuidado del cabello

Cuando en el sueño el cuidado del cabello se representa a través del lavado del mismo, se muestra la capacidad de evitar un peligro inminente. El cuidado del cabello sugiere también que algo nos incomoda en lo personal. Los sueños de cabello perfumado pueden indicar arrogancia o vanidad de la propia persona o de aquella con quien estamos soñando. El cabello cuidado es indicativo de un desarrollo interior positivo. Quien en el sueño percibe su propio cabello como algo suave y exuberante le espera la buena fortuna. El cabello desaliñado indica que no se tienen suficientemente en cuenta las propias necesidades. Delata una autoconsideración limitada. Sin embargo, este cabello puede también indicar una desavenencia familiar o una apatía sexual.

Peinar el propio cabello indica solución de problemas personales, suerte y riqueza. Peinar el propio cabello abundante y lustroso, por un lado, es señal de posibilidad de éxito, por otro, señal de persona soñadora y distraída. En este caso tiene importancia el contexto del sueño. Peinar el cabello de otra persona puede significar que pronto podremos solucionar unos problemas difíciles. Un cabello peinado cuidadosamente puede también indicar vanidad o una autodisciplina sexual demasiado fuerte.

Un cabello enmarañado y despeinado visto en el sueño indica dificultades en el ámbito material o en el matrimonio, o una gran infelicidad y furia.

Acariciar el pelo en el sueño es una señal de amor y afecto sincero. Deberíamos confiar en la persona que en el sueño nos acaricia el cabello.

Vellosidad

Una fuerte vellosidad indica una persona instintiva. Cuanto más peluda sea una persona vista en sueños, más fuertemente estará realzada su animalidad. La vellosidad excesiva del hombre indica una propensión al vicio, en el caso de la mujer, el poco tiempo y atención dispensados a su propia feminidad. En general, las mujeres que en el sueño presentan una vellosidad masculina indican un mundo afectivo con impronta masculina. En su simbolismo, además, predomina el deseo de libertad moral y de diversión. Los hombres que en el sueño aparecen con vellosidad femenina se manifiestan como infieles y de una tendencia amorosa desafortunada.

El vello en las manos que crece continuamente y está desarrollado en exceso es señal de advertencia para futuros problemas. Es necesario actuar. El pelo en el pecho y el vientre en un hombre se considera una señal general de fortuna y salud. El vello en el pecho indica la fortuna, y en el vientre, la salud. El vello en la boca señala acontecimientos desafortunados, que podrían haber sucedido ya o estar aproximándose irremediablemente.

Color del pelo

El color del pelo ofrece un amplio abanico de posibilidades de significado. Un rojo brillante representa temperamento y simpatía. Por el contrario, un rojo desabrido procede peligrosamente y muestra disgustos y conflictos. Cuando los hombres sueñan con pelo rojo, indica un deseo de encontrar una pareja sexual genuina. Lo negro representa la salud y la pasión. Si el pelo negro es ensortijado, según las circunstancias del sueño, la persona seducirá o será seducida. Por el contrario, el pelo castaño indica indecisión, que momentáneamente sobre todo en la vida profesional falta una manita afortunada para la carrera. El gris señala problemas y preocupaciones, por el contrario, el blanco, sabiduría, bondad

y sosiego. El cabello rubio indica inestabilidad, pero también alegría y felicidad en la vida.

Los colores del pelo en el sueño nos advierten de engaños producidos por otros y por las propias expectativas erróneas. Posiblemente, estamos poniendo mucha energía en algo que está perdido de antemano. La pérdida de color del pelo es un síntoma de pérdida de energía. Con frecuencia, esto está relacionado con la capacidad financiera. Si perdemos el color a pesar del semblante juvenil, esto anuncia la pérdida de la pareja. Podría ser también en ambos casos un aviso sobre una indiscreción o falsas amistades.

Cuando el cabello se vuelve gris en el sueño, para muchos intérpretes de los sueños indica miedo ante la muerte o ante una enfermedad en la propia familia o en el entorno próximo.

Pérdida del cabello

Si en el sueño perdemos el pelo por caída o por una operación, se puede interpretar como una advertencia. En ese caso se trata siempre de pérdida, separación, fallecimiento o simplemente del miedo ante estas cosas. En los hombres en estos casos la pérdida de potencia tiene un papel importante. En las mujeres se trata con frecuencia del miedo a perder el atractivo o a un exceso de trabajo. En los hombres, cuando el cabello se va haciendo ralo, señala una forma muy perjudicial de generosidad. Si una mujer sueña con su propia calvicie, frecuentemente se refiere a preocupaciones que atañen a los medios de subsistencia.

El cabello quemado advierte de la precaución general en la vida. No se debería exagerar las cosas y cuidar de la casa con las propias energías.

Soñar que se están probando pelucas, o con un trasplante de cabello podría indicar vanidad, pero también advertir sobre el deseo acuciante de recuperar la propia juventud. Llevar cabello ajeno muestra el miedo a la enfermedad.

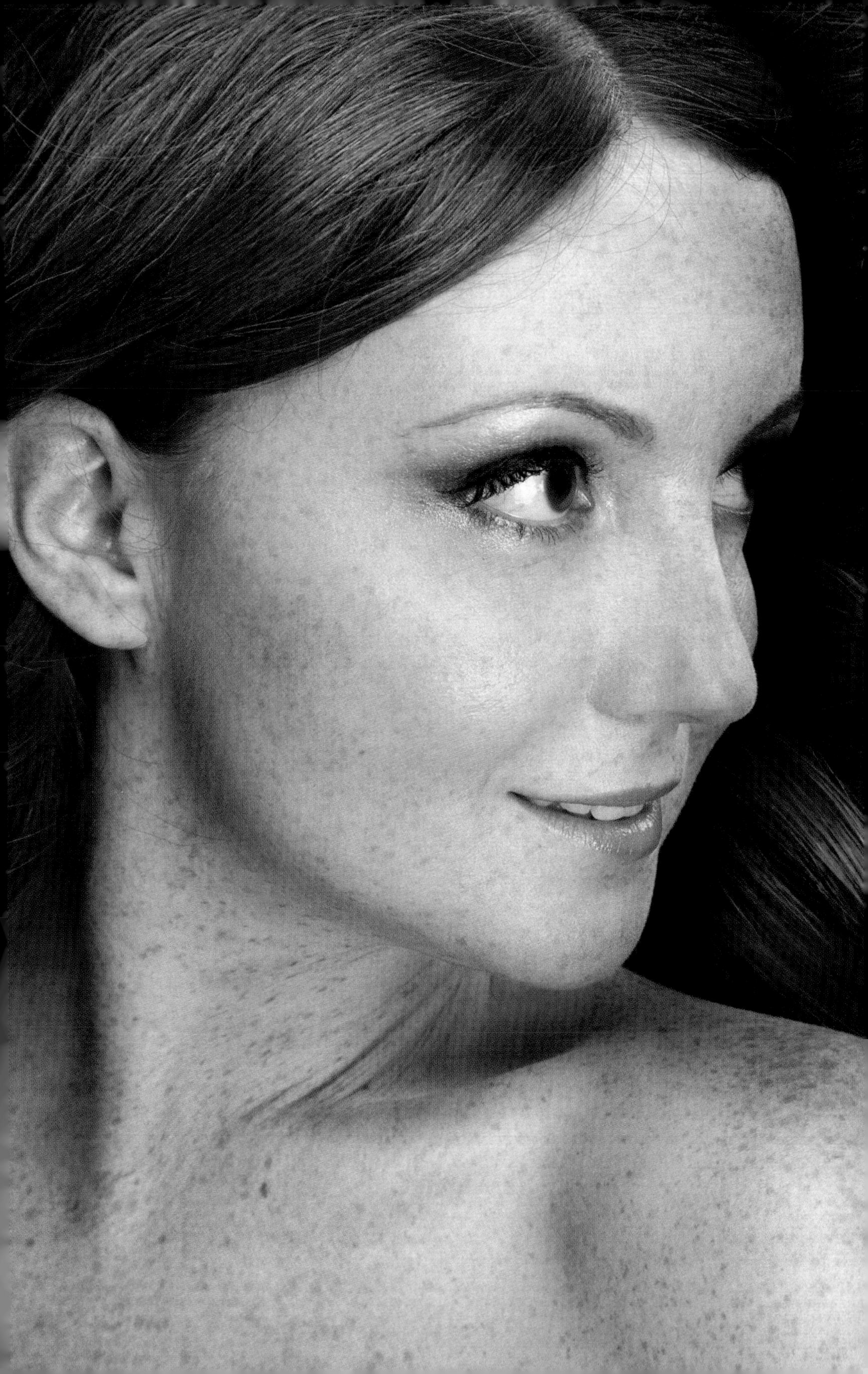

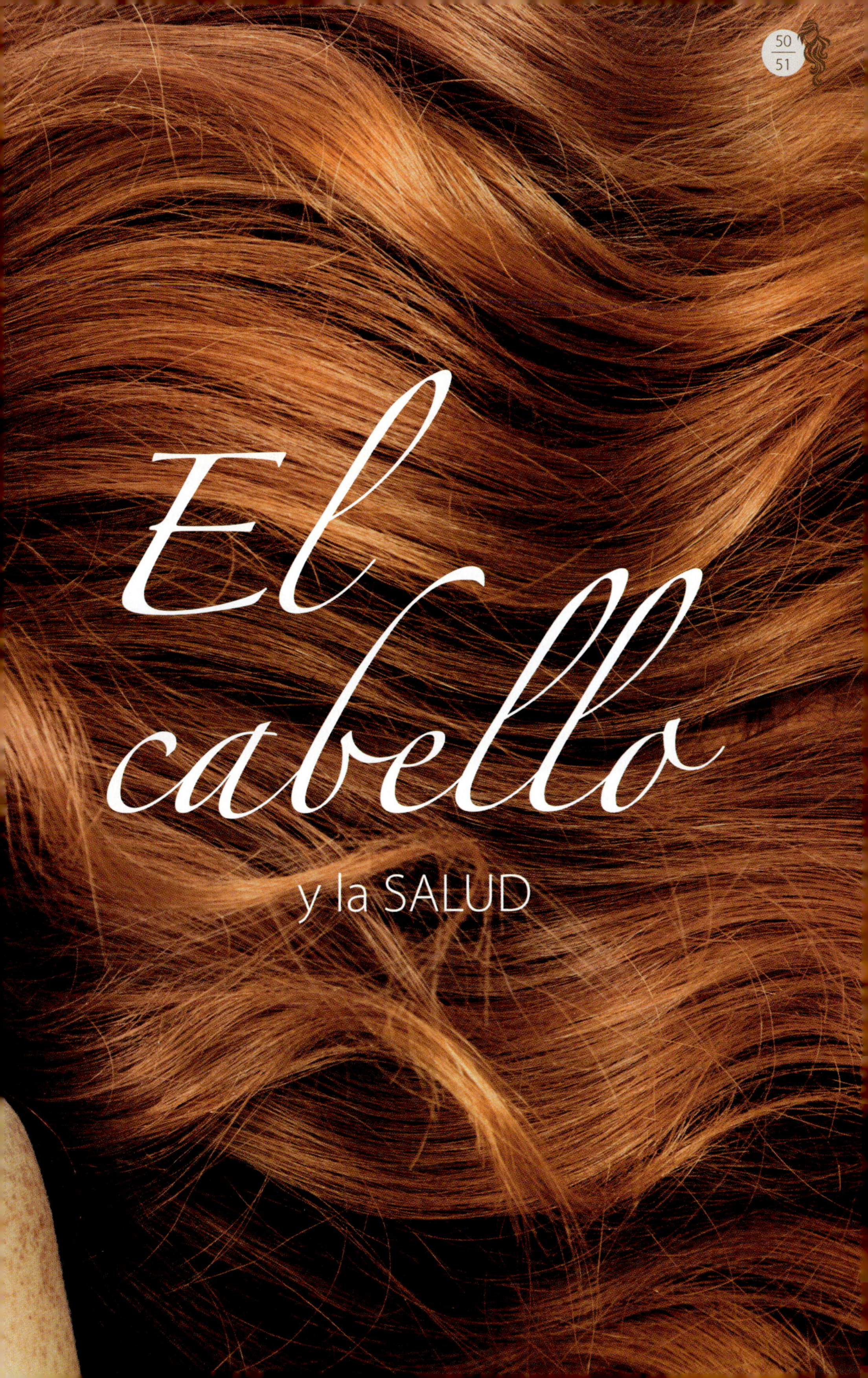

El cabello

y la SALUD

TIPOS, ESTRUCTURA Y CRECIMIENTO

Cuando se trata del cabello, las personas se preocupan principalmente de su apariencia, por tanto, de su peinado. ¿Cuán corto nos lo hemos de dejar, o sería mejor que lo dejáramos crecer para llevarlo largo? Cuando el pelo se vuelve gris, ¿deberíamos teñirlo o simplemente aceptar el «nuevo» color? Las respuestas a estas preguntas deberían ser meditadas, ya que no deberíamos ver nuestro pelo bajo el aspecto de la belleza y de su presentación exterior, sino más bien como una importante fuente de información sobre nuestra salud. Muchas personas, sin embargo, cometen el error de considerar el cabello como algo separado del resto del cuerpo. Pero el pelo es una extensión del organismo. Quien tiene un cabello quebradizo, opaco, frágil, casposo o graso debería no sólo buscar un champú apropiado, sino también preocuparse del mensaje que contiene su problema capilar. Un número importante de temas de salud se ponen en evidencia en el pelo, y aunque muchos «especialistas» lo consideren como una zona muerta, sabemos que muchas de nuestras actuaciones tienen efectos sobre la salud de nuestro cabello, y por consiguiente éste puede darnos información sobre las condiciones anímicas y físicas. Simplemente hemos de saber reconocer esas advertencias.

Los pelos son largas formaciones en forma de hebras que crecen sobre la piel en general tupidas y que están compuestas de una sustancia córnea, que esencialmente se compone de la proteína fibrosa, llamada «queratina», que no es soluble en agua. Lo mismo que las uñas de las manos y los pies, nuestro cabello forma parte de los llamados atributos cutáneos externos. Su desarrollo se inicia en la sexta semana del embarazo, en la que se establecen los cerca de 5 millones de folículos pilosos. En el extremo inferior del folículo se forma el pelo a partir de la raíz capilar.

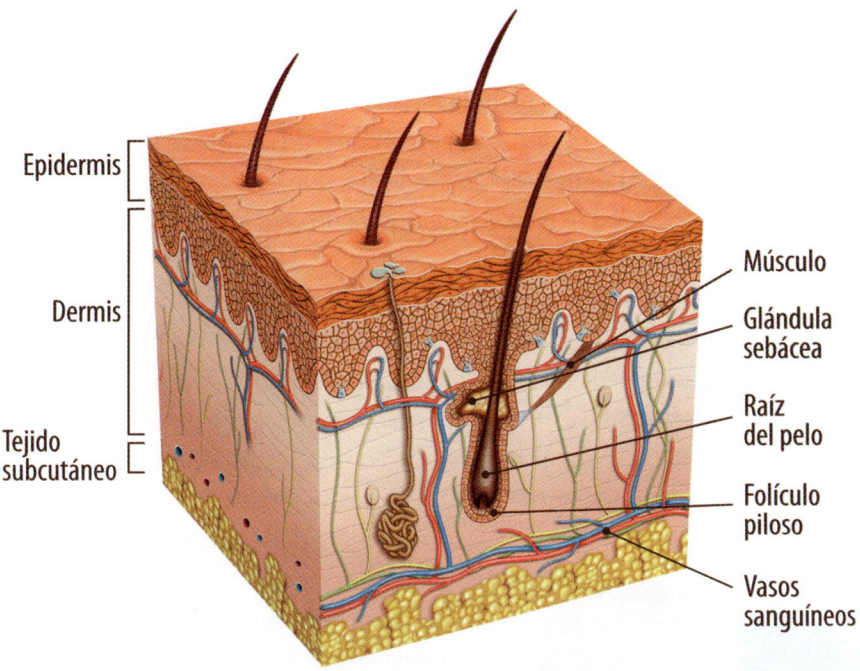

- Epidermis
- Dermis
- Tejido subcutáneo
- Músculo
- Glándula sebácea
- Raíz del pelo
- Folículo piloso
- Vasos sanguíneos

Los ciclos de crecimiento del pelo son de naturaleza y duración distintas. Por ejemplo, el ciclo de crecimiento de las pestañas y de las cejas dura sólo entre uno y seis meses, mientras que el pelo de la cabeza puede durar hasta seis años. En efecto, el pelo crece cerca de 1,2 cm al mes, es decir 0,4 mm al día. Pero la excepción confirma la regla, de lo contrario no existiría ningún cabello que llegara hasta los tobillos, ni ninguna barba que midiera un metro, y que causaran tanto revuelo. Por otra parte, los pelos de la barba son los que crecen más deprisa de entre los pelos del cuerpo humano. Sin embargo, se plantea la pregunta de por qué el cabello en apariencia puede crecer infinitamente, pero el vello corporal, como las pestañas o las cejas, no. La respuesta a esta pregunta es muy sencilla: en cada raíz capilar está establecida genéticamente la función que adopta el pelo correspondiente y qué estructura, como por ejemplo qué longitud le corresponde. En este sentido, cada cuerpo posee una capacidad determinada con relación a la longitud total del cabello. De acuerdo con ésta, el cuerpo intentará alcanzar esa longitud produciendo la energía necesaria para conseguirlo. Por consiguiente, la persona que en el curso de su vida se corta el pelo regularmente, empuja al cuerpo, que está forzado, a alcanzar la longitud óptima del pelo, para un crecimiento adicional y el despliegue de energía.

Por término medio en la cabeza de una persona adulta se encuentran entre 100.000 y 150.000 pelos. El número real depende de la edad, pero también del color de pelo. El más alto es la cantidad media de pelos en personas rubias naturales (140.000). Por el contrario, las de cabello rojo son las que tienen menos, unos 90.000. Además, es decisivo saber a qué grupo étnico pertenecemos. Así, entre los habitantes europeos hay grandes diferencias: mientras las mujeres tienen de media unos 121.000 pelos, las asiáticas, cerca de 89.000 y las mujeres africanas, unos 81.000 pelos. El cabello de un europeo tiene un grosor de entre 0,05 y 0,07 mm, mientras que el pelo asiático, con un grosor de entre 0,06 hasta 0,08 mm, parece más robusto.

La estructura del pelo

En la vida pasamos por distintos ciclos, que se reflejan también en el pelo. Durante la permanencia en el vientre materno nuestro cabello se diferencia mucho del que tenemos luego en la pubertad, y éste a su vez es diferente del de la edad adulta.

El lanugo

El vello del feto, también llamado «pelusa», se produce en el embrión entre la decimotercera y la decimosexta semana del embarazo. Esta pelusa sirve como protección, amortigua las influencias externas, como las perturbaciones acústicas o físicas, y posee además importantes glándulas sebáceas que producen una grasa particular.

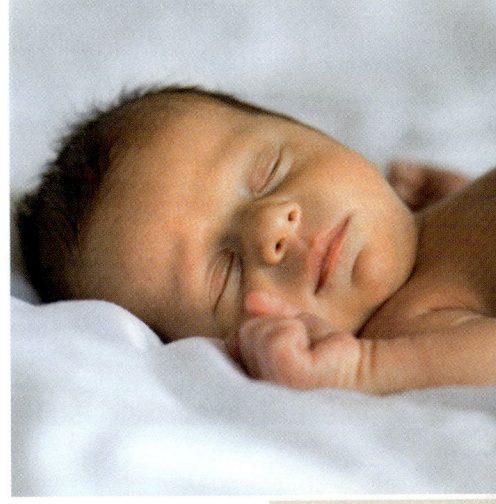

Con esta capa protectora blanquecina sobre la piel, que se conoce también como *vérnix caseosa*, el bebé sale a la luz del mundo. En este punto el lanugo ya habrá caído. En el caso excepcional de que aún quede algo, simplemente se caerá en poco tiempo.

Aunque el lanugo pertenezca a la etapa de desarrollo del embrión, en casos raros puede volver a aparecer en la edad adulta. La anorexia, los tumores, pero también los medicamentos pueden ser responsables de ello, entre otras cosas.

El vello

En los primeros años de vida aparece en nuestro cuerpo una pelusa clara, casi incolora. Ésta presenta muy pocos pigmentos y por ello a menudo es difícil de reconocer. Este pelillo cubre todo el cuerpo, a excepción de los labios, los pezones, la palma de las manos y las plantas de los pies. Este pelo fino y corto se denomina «vello».

El pelo definitivo

El pelo definitivo se desarrolla durante la pubertad a partir del vello. Es más fuerte, contiene la pigmentación completa y es un tipo de pelo que se combina con los ciclos descritos más adelante. Se encuentra de forma progresiva en todas las zonas del cuerpo, pero sobre todo la cabeza, las axilas, los brazos y las piernas, la cara y la zona genital. La fuerza de la vellosidad definitiva depende de la predisposición genética, las influencias hormonales, las enfermedades y de la posible ingestión de determinados medicamentos.

La estructura del pelo

La estructura de un solo cabello se compone de tres capas: la capa exterior escamosa (*cutícula*), la capa cortical intermedia (*córtex*) y el eje (*medulla*).

La capa exterior de un cabello es lo que nosotros realmente vemos. Las células muertas y queratinizadas se sitúan una sobre la otra como imbricadas, de manera parecida a las tejas sobre el tejado de una casa, y las células procuran así una envoltura.

La capa cortical intermedia integra la mayor parte del cabello. A éste le da firmeza y flexibilidad y define su color. El córtex es un haz de fibras de queratina, también llamadas «fibrillas».

La parte profunda interior del cabello, la medulla, está compuesta entre otras cosas de productos de la desintegración de las fibras del cabello y de grasa. Define la sustancia del tejido interior del pelo y es responsable de su estabilidad.

El crecimiento del pelo

El crecimiento del pelo se compone de tres fases consecutivas, que se repiten continuamente. Estos ciclos de crecimiento tienen lugar en distintos momentos en el tiempo, ya que no todos los pelos se encuentran al mismo tiempo en la misma fase de crecimiento. Para ello, cada cabello recorre las distintas fases de desarrollo larga e intensivamente. A lo largo de la vida cada raíz capilar repite esos ciclos entre diez y veinte veces.

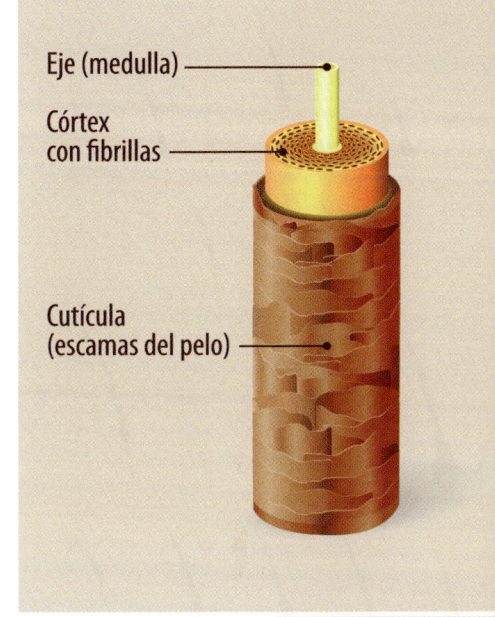

Eje (medulla)
Córtex con fibrillas
Cutícula (escamas del pelo)

La fase de crecimiento

La fase de crecimiento (anágeno) puede durar desde un mínimo de dos años hasta un máximo de diez, pero normalmente dura entre tres y seis años. La fase de crecimiento es la fase central, en la que se construye el cabello sano. En ese tiempo el metabolismo de la raíz pilosa es muy activo y se ocupa de la división rápida de las células pilosas. En esta fase el cabello es especialmente sensible. El estrés, la enfermedad o un cuidado defectuoso pueden ser la causa de que la raíz pilosa ponga término a su actividad y se acorte la fase. Hasta el 90 por 100 de todos los pelos se encuentran en fase de crecimiento.

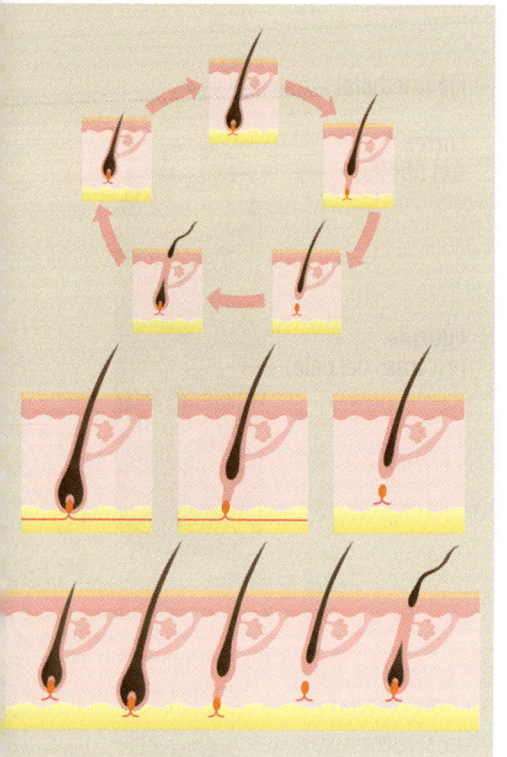

La fase de transición

La fase de transición (catágeno) dura entre dos y tres semanas. El cabello deja de crecer y lentamente se desprende de la raíz. El folículo, durante esta fase de desarrollo sufre un proceso controlado de involución. Los elementos de unión de los melanocitos (*véase* recuadro, pág. 107) se retiran, la producción de melanina se acerca cada vez más a su fin, el pelo engrosado se desarrolla y es empujado lentamente hacia la superficie de la piel. En esta fase se encuentran en estado sano sólo cerca del 1 por 100 del pelo.

La fase de reposo

La fase de reposo o de caída (fase telógeno) es la fase final, en la que se interrumpe la provisión al cabello de sustancias nutritivas. El pelo engrosado sube por el folículo piloso hasta debajo de la entrada de la glándula sebácea. Con el tiempo, este pelo engrosado se adelgaza y el anclaje en el folículo piloso cede. Según el pelo y la zona del cuerpo, el pelo se cae en un plazo de entre uno y tres meses. Entre el 10 y el 30 por 100 de nuestro pelo se encuentra en esta fase.

ANÁLISIS DEL CABELLO

En pocas palabras el análisis del pelo consiste en el análisis químico de una muestra de pelo, y es muy útil en las enfermedades del cuero cabelludo y en la caída del pelo. Sin embargo, hay que decir que se ha mostrado también útil como procedimiento para la comprobación del consumo de drogas, donde se considera un método de primera línea no para la salud, sino como medio de comprobación policial o en medicina legal. Naturalmente no sólo las drogas, sino todo tipo de envenenamientos, por ejemplo por arsénico o metales pesados, nos hacen perder la vitalidad e inmunidad, y por consiguiente nos hacen enfermar. Ahora, ya no son sólo los médicos de terapias alternativas quienes insisten cada vez más en que los metales pesados son una de las causas más importantes del incremento de las enfermedades crónicas, que a su vez influyen en la salud del cuero cabelludo y del pelo.

Actualmente, los distintos sistemas de análisis del pelo todavía tienen sus limitaciones. Los críticos ponen de relieve que no hay verdaderas normas o estándares que delimiten los niveles parciales de contaminación. Para ellos no está nada claro qué contenido de sustancias minerales y elementos traza en el pelo deben considerarse «normales» y cómo se ha de valorar esto individualmente. En los valores de análisis pueden además subyacer muchos factores influyentes. Así, por ejemplo, lavarse el pelo frecuentemente, el uso de champús que contengan determinadas sustancias, teñir o decolorar el pelo, el agua que se bebe, los niveles de polvo o el agua clorada pueden afectar en gran medida los resultados de un análisis. Por ello, para la investigación de valores informativos decisivos antes del análisis, el cabello no debería haberse lavado en los últimos cuatro días.

Pero, aunque los resultados de los análisis de cabello presentan algunas variaciones, los datos basados en su valor informativo son significativos y seguramente en los próximos años seguirán desarrollándose. También son decisivas las incalculables ventajas que ofrecen los análisis de orina y de sangre. El análisis del cabello no es como una analítica de la sangre o de la orina, una instantánea variable del estado actual del cuerpo, sino que puede documentar vicios o formas de intoxicación acaecidos durante largos períodos de tiempo. En este caso existen numerosos procedimientos con diferentes objetivos y con distintos valores y utilidades. Conceptos como «análisis de minerales en el cabello», o «análisis del cabello por biorresonancia» describen mediante su propio nombre de qué se trata. Estos procedimientos se utilizan sobre todo en la medicina alternativa. El dermatólogo clásico confía preferentemente en otros métodos:

El tricograma

El tricograma es un análisis del estado de la raíz del pelo y se utiliza para hacer una estimación de una caída de pelo aguda. La investigación con el microscopio óptico sirve para caracterizar y cuantificar los distintos tipos de raíz de pelo, para lo cual se arrancan unos 50 pelos de la cabeza con una pinza revestida de goma, y a continuación se puede establecer la composición de las distintas formas de raíz. Este modo de actuar contribuye menos a establecer el diagnóstico, y más a definir el estado de hecho de la caída del pelo. Con este método se podrá confirmar la pérdida de pelo prevista en los meses siguientes.

El tricoescaneado

Con este tipo de análisis el médico comprueba la situación del grueso del cabello y del estado de la raíz, cuántos pelos se encuentran en la fase de crecimiento y a qué velocidad crecen. En este caso, el pelo no se coge de la cabeza, sino que se afeita una superficie del cuero cabelludo de unos 20 mm, los pelos afeitados son coloreados con tinta china, y se saca una foto de la muestra observada bajo un microscopio con un aumento de 20x. De esta manera se puede contar el número de pelos, el grueso y la relación de los unos con respecto a los otros, que se encuentran en la fase de crecimiento y de reposo.

La biopsia

El significado especializado de «biopsia» indica el análisis de los tejidos tomados de un organismo vivo. En el caso del cabello, es útil en situaciones de caída de pelo con cicatriz (con destrucción del folículo piloso) o cuando la causa de una enfermedad del cuero cabelludo no está clara. Para ello el médico obtiene con anestesia local una pequeña muestra de piel de 4 mm, que contenga también las raíces del pelo, y la estudia finalmente con el microscopio.

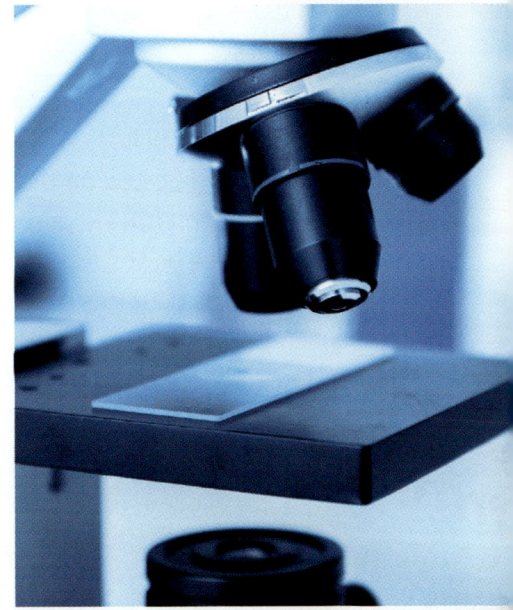

LA CAÍDA DEL CABELLO

Algunos pelos sueltos en el lavamanos, en el suelo o sobre la almohada no son todavía causa de preocupación. Tampoco algunos pelos más en el cepillo o en el peine después de proceder a un cepillado a fondo no son realmente graves. Nuestro cabello, como ya hemos dicho, forma parte de los anexos dérmicos y, por esta razón, tiene una duración limitada en el tiempo. Cuando un pelo deja de crecer, se cae de manera natural y es sustituido por otro.

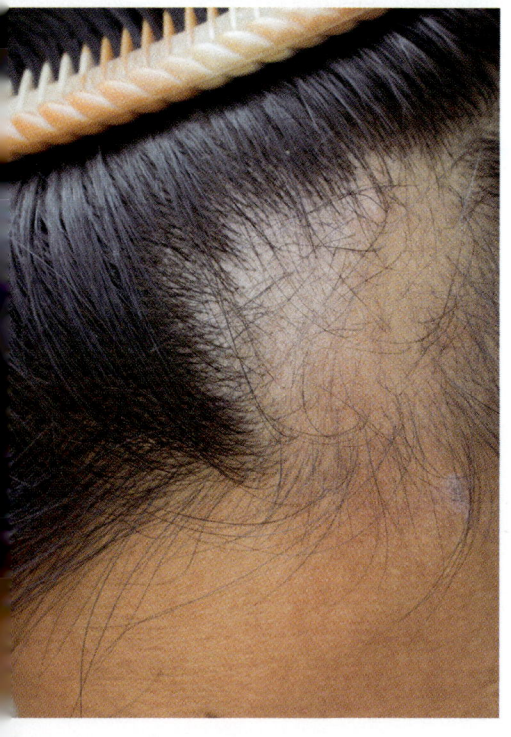

Sin embargo, cuando se pierden diariamente y durante un período de tiempo largo más de cien pelos, se caen a puñados o se forman en nuestra cabeza zonas calvas, hay que empezar a preocuparse por una alopecia (*effluvium*). Las causas pueden ser muchas, ya que la caída del pelo puede deberse a distintos factores, y puede afectar tanto a hombres como a mujeres o niños. Además de causas genéticas puede haber también causas físicas y psíquicas, porque el pelo es, junto con la piel, un indicador importante de nuestro bienestar anímico: si le va mal a nuestra alma, nuestro cuerpo lo reflejará. Así pues, no deberíamos ignorar las señales que nos proporciona el cabello.

Caída del pelo hereditaria

Cuando ya en la juventud un hombre tiene entradas, o zonas claras en la región occipital, y las observa también en sus parientes masculinos directos, como el abuelo, el padre o un tío, probablemente sufre de una caída del pelo hereditaria (alopecia androgenética). Esta predisposición se ha de buscar en los genes. En los hombres el pelo empieza a hacerse ralo primero en las sienes y en la frente, aparecen las llamadas «entradas», y con el tiempo se transforman en medias calvas. El cabello se va volviendo cada vez más ralo en la región occipital superior, y aparecen asimismo zonas calvas que van creciendo y uniéndose, hasta dejar únicamente una corona de pelo en la zona inferior de la región occipital y las sienes. También las mujeres pueden sufrir la caída hereditaria del pelo, aunque menos frecuentemente que los hombres. En ellas el pelo empieza a hacerse ralo en la zona de la coronilla. La causa es una enfermedad hormonal como base, que habitualmente se acompaña de «señales de masculinización», como una mayor vellosidad en el labio superior, en la mandíbula, en los pezones y en la zona del bikini.

La caída del pelo hereditaria es, pues, la causa más frecuente de una cabeza rala, aunque seguramente habremos podido observar entre nuestros parientes y en el círculo de amistades que no siempre es así. Es posible observar una cabeza de rizos junto a la de un hermano calvo, o bien se contempla con envidia el cabello mucho más abundante de la hermana. Tampoco se da automáticamente la predisposición.

La caída circular del pelo

En el caso de la caída circular del pelo (*alopecia areata*), éste cae a mechones sin motivo aparente. Esto a menudo sucede en unos pocos días, por lo cual de una manera relativamente rápida se forman zonas redondas sin pelo, así como círculos en el cuero cabelludo. Están bordeadas por pelos cortos, que hacia la punta se vuelven cada vez más finos. Estas zonas calvas pueden abarcar la mitad del cuero cabelludo. Sin embargo, después de algunos meses el pelo vuelve a crecer.

Las causas exactas de esta enfermedad son todavía desconocidas. Posiblemente se trate de una mala reacción del propio sistema inmunitario del cuerpo, es decir de una enfermedad autoinmune. El sistema de defensa considera sus propias células de las raíces pilosas como cuerpos extraños, de manera que las células inmunitarias actúan contra las células capilares. A continuación, los folículos pilosos se inflaman y el pelo se cae.

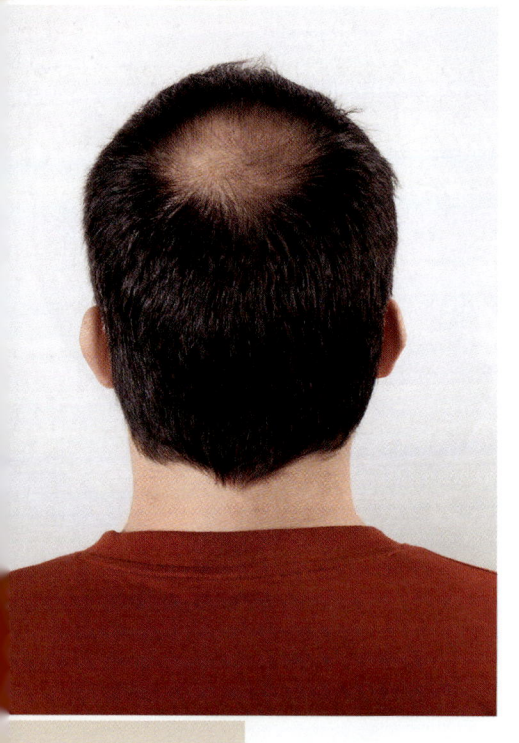

Los médicos especializados en terapias alternativas en el caso de caída circular del pelo se fijan en la situación mental y anímica. Así, un disgusto o una preocupación pueden ser igualmente la causa. Sin embargo, subsiste la sospecha de que puede haber anemia. Llama la atención que la caída circular del pelo se presente junto con otras enfermedades autoinmunes, como la enfermedad de las manchas blancas (vitíligo) o una enfermedad de la tiroides.

La caída del pelo difusa

En las personas que sufren una caída del pelo difusa (*effluvium diffusum*), el pelo se pierde lenta pero continuamente. Como el nombre indica, en este caso no hay ninguna zona de la cabeza más proclive a la caída del pelo, sino que ésta se muestra en todo su ancho de banda, de manera que el cuero cabelludo cada vez se ve más. De vez en cuando el proceso se detiene y el pelo vuelve a crecer normalmente, ya que el folículo piloso no ha sido destruido de manera irremediable, sino que tan sólo se ha visto impedido en su crecimiento. La caída difusa del pelo puede 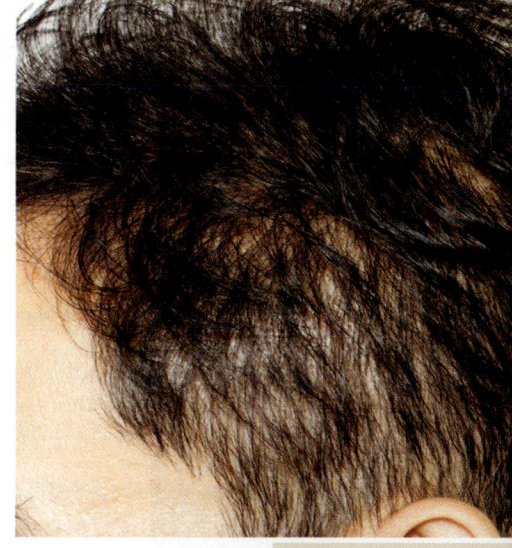 estar causada por una enfermedad o una infección, como una gripe, o una tuberculosis, problemas de tiroides o alteraciones hormonales, por ejemplo un embarazo o el empezar a tomar la píldora anticonceptiva. Sin embargo, también puede presentarse por una carencia de hierro o por albuminuria, que se puede desatar como consecuencia de las llamada dietas de choque, desequilibrios alimentarios de todo tipo, pero también por la absorción insuficiente de elementos nutritivos en el intestino a causa de enfermedades crónicas del mismo o después de una operación.

Otras causas pueden ser la quimio o la radioterapia, los medicamentos para reducir el colesterol o los β-bloqueadores, las intoxicaciones agudas y el estrés.

LA TRICOTILOMANÍA

Para muchas personas, la frase «me podría arrancar los pelos» es una mera forma de hablar sin sentido, para otras, sin embargo, esta expresión es la manifestación de un trastorno de la conducta, llamado «tricotilomanía». Los expertos lo consideran un trastorno de los impulsos de la conducta, que principalmente se manifiesta ya en la juventud, y se presenta con más frecuencia en las mujeres que en los hombres. En los casos más graves el cuero cabelludo, a causa de este trastorno de la conducta, muestra abundantes zonas calvas, a pesar de que el pelo está sano. Las causas posibles son principalmente de naturaleza psíquica y pueden deberse a miedos o traumas anímicos. Su tratamiento se basa en la psicoterapia o en una terapéutica de la conducta cognitiva.

La caída del pelo cicatricial

La caída del pelo cicatricial (*alopecia cicatricialis*) puede tener muchas causas, por ejemplo quemaduras o cauterización con un cáustico del cuero cabelludo, tumores, enfermedades autoinmunes o infecciones por bacterias, virus u hongos. Para ello es común que las capas inferiores de la piel, y los folículos pilosos que allí se encuentran, estén dañados de manera irreparable y, por tanto, el pelo ya no pueda crecer. En su lugar aparecen cicatrices, porque las células madre del pelo, que determinan el crecimiento del mismo, se inflaman y destruyen el folículo. Debajo queda el cuero cabelludo cicatrizado. Las cicatrices, mayoritariamente redondas, pueden tener aspecto descolorido, rodeadas de un borde rojo inflamado.

En comparación con las otras formas de caída del pelo, ésta es seguramente la más difícil de tratar. Este problema afecta principalmente a las mujeres, sin embargo también puede afectar a los niños. La buena noticia es que, aunque el pelo no vuelva a crecer en las zonas afectadas, el proceso puede detenerse. Es necesaria una intervención temprana. Las medidas a tomar dependen principalmente de las causas.

Otras causas

Junto con la condición genética y las ya mencionadas causas psíquicas, los médicos de terapias alternativas, practicantes paramédicos y lectores del rostro, que simpatizan con la medicina tradicional china (MTC), consideran muchas más causas en la caída del cabello y la calvicie. Deberíamos tratar el tema abiertamente y revisar nuestros hábitos, por si nosotros mismos o personas próximas sufren de ello.

Una calvicie ya establecida puede ser considerada como una señal de un excesivo consumo de líquidos. Cuando la toma de líquidos de una persona supera la capacidad de trabajo de los riñones, esto produce una dilatación de los folículos pilosos, que hace caer el pelo. Así, quien sufra de una mata de pelo rala o de zonas calvas debería controlar el agua que bebe y hacerse controlar la función renal. Quizá se hallen aquí respuestas sorprendentes.

Si hay una calva en la parte de atrás de la cabeza, a menudo se relaciona con el consumo excesivo de carne roja, huevos, queso duro o sal. También la caída del pelo en forma de rayas se puede relacionar con un excesivo consumo de proteínas y grasas animales, así como problemas de gota y enfermedades reumáticas.

Las entradas, por el contrario, para algunos practicantes paramédicos son la manifestación de una alimentación excesivamente ácida. Una posible explicación podría ser una insuficiencia funcional de la glándula germinativa. Por el contrario, una calvicie frontal podría atribuirse a un excesivo consumo de azúcar y de bebidas dulces, como limonadas, bebidas energéticas o zumos de fruta. También el alcohol es perjudicial. La calvicie frontal podría ser indicativa de una posible insuficiencia funcional de la glándula germinativa, de problemas anímicos o una propensión a la impotencia. En las mujeres puede presentarse con las molestias de la meno-

EL TRASPLANTE DE CABELLO

Generalmente, en el caso de una caída del pelo hereditaria, en los hombres afectados queda sólo una corona de pelo en la parte de atrás de la cabeza, porque en esa zona las raíces reaccionan con menos fuerza ante las hormonas sexuales masculinas. Por consiguiente, el médico realizará un autotrasplante utilizando el pelo de esta zona. Se trata de una intervención ambulatoria con anestesia local. El médico tomará una tira delgada de piel junto con su cabello que implantará en una zona de la cabeza que clarea. El pelo trasplantado normalmente se cae enseguida para luego volver a crecer desde la raíz. Un hecho que retrasa algo el éxito visible, por lo que la operación puede durar algunos meses hasta que el efecto deseado se evidencie. En todo caso, el éxito de este tratamiento es muy variable dependiendo de la persona. Además, en el caso de que haya suficiente cabello para trasplantar, este tipo de trasplante es apropiado también para otras formas de caída del pelo.

pausia, trastornos de la fertilidad y problemas con los ciclos, y por ello aparecer después del agotamiento de los ovarios.

En general, la caída del pelo en las mujeres se presenta como un aclaramiento en toda la cabeza, pero frecuentemente se puede ver una zona calva en la parte superior de la cabeza en la zona de la coronilla. Junto con las causas hereditarias ya comentadas, esto podría ser la señal de advertencia de una forma de diabetes, acompañada de un exceso de testosterona.

En el caso de los niños una infección por hongos en el cuero cabelludo puede desencadenar la caída del pelo. En las muchachas es más frecuente la caída causada por los tirones. Este tipo de caída tiene lugar cuando se somete el cabello a un gran esfuerzo, por ejemplo al peinarlo, sujetarlo o trenzarlo fuertemente, o por el uso de gomas no adecuadas. Las sustancias químicas que contienen los champús y los productos sintéticos para el cuidado del cabello pueden también dañar el frágil cabello infantil y el cuero cabelludo sensible. Asimismo, se debería también prestar atención a las neurosis obsesivas infantiles y al estrés emocional.

ENFERMEDADES DEL CABELLO

Para los médicos de la MTC, pero también para los lectores chinos del rostro, existe una relación directa entre la vellosidad externa visible y la vellosidad interior del cuerpo. Aquí juegan un papel decisivo los cilios, que por ejemplo recubren el tubo digestivo o los pulmones.

Como ya hemos explicado, el embrión desarrolla en el vientre materno una vellosidad blanda, suave, que recubre todo el cuerpo. Al mismo tiempo se forman en su interior los cilios. Estos cilios tan finos hacen que los cuerpos extraños, como por ejemplo las partículas de suciedad del órgano, sean transportados y expulsados. La vellosidad exterior puede manifestar el estado de nuestra vellosidad interior. Las puntas abiertas del pelo, por ejemplo, nos muestran el estado de la vellosidad de los pulmones y del intestino, y cuando crecen pelos en sitios no deseados, como es el caso de la barba en las mujeres, esto se halla en correlación con el aumento de producción de los cilios en el aparato intestinal y en los órganos sexuales.

De acuerdo con las enseñanzas chinas, la energía del hígado, los riñones y los pulmones determina el crecimiento y la salud del pelo, y su buen funcionamiento se puede comprobar en el cabello. En el caso de estar fuertemente cargada, algo limitada o del todo debilitada, esto se puede observar en la calidad del pelo. La pérdida previa de cabello fuerte sería en este caso una señal significativa. Los metales pesados y los tóxicos de todo tipo cargan sobre todo el hígado y como consecuencia causan la caída del pelo. Nuestro cuerpo reacciona de manera similar a la quimioterapia, porque en ese caso los perjudicados son los riñones. Los riñones, además, reaccionan de manera muy sensible al estado emocional. Cuando algo «nos aflige mucho», frecuentemente se trata de un acontecimiento que conmociona nuestro mundo emocional. Las preocupaciones, las tribulaciones, los miedos y la ira cargan los riñones y las cápsulas suprarrenales que, a causa del continuo estrés, desarrollan una actividad excesiva y a la postre se debilitan. De esta manera las cargas emocionales pueden perjudicar a los riñones y, por consiguiente, causar la caída del cabello.

La conexión entre las enfermedades internas y el cabello como síntoma externo no ha sido estudiada suficientemente, sin embargo muchos médicos de terapias alternativas y otros practicantes paramédicos, entre los que se encuentran los maestros chinos de Siang-Mien, consideran que hay muchas posibles conexiones entre ellos.

Alteraciones generales de la estructura

Cuando el cabello pierde brillo, el pelo rizado se vuelve propenso a enmarañarse, o está seco y quebradizo, entonces la persona moderna reacciona recurriendo a un champú muy prometedor. Pero ¿puede un champú ser la solución para los problemas del cabello? La respuesta es no, porque la base de una estructura capilar seca, lanosa o frágil, que hace que nuestro pelo tenga una apariencia descolorida, con frecuencia está causada por una carencia de minerales. La sal mineral silícea (ácido silícico), o todavía mejor un tipo de alimentación sana y equilibrada, puede en este caso remediar la situación. El lector del rostro, sin embargo, debería tener en cuenta la tiroides. En efecto, una producción insuficiente de hormonas, como sucede por ejemplo en el hipotiroidismo, podría ser la causa. En general, las hormonas tienen una gran influencia en el pelo. Así, cada fase de la vida deja huellas en la estructura del cabello, porque nosotros en el curso de nuestra existencia sucumbimos a las distintas variaciones y cambios hormonales. De esta manera, durante el embarazo el cabello seco puede volverse grasiento, o al contrario el grasiento volverse seco, el cabello rizado de repente se presenta liso, o un largo cabello liso se riza. La vida se representa en la estructura del pelo.

Las puntas abiertas y el pelo quebradizo

Las puntas del pelo abiertas en su parte final son frecuentemente el resultado de tratamientos químicos o de teñir el pelo. Tras este problema puede también haber un tipo de alimentación poco sana con exceso de sal y proteínas animales, una carencia de minerales o unas molestias intestinales con frecuencia derivadas de esa carencia. Cuando aparecen los síntomas secundarios, como una piel seca y/o escamosa, en la alimentación se debería incrementar la ingesta de ácidos grasos omega-3. Éstos se encuentran en el salmón y en el aceite de pescado, pero también en muchas semillas, principalmente las de lino (*véase* pág. 94).

El cabello quebradizo puede ser además una indicación de debilidad renal. También el síndrome de Cushing, una disfunción de las cápsulas suprarrenales, puede manifestarse externamente de esta manera, así como una insuficiencia de las glándulas paratiroideas. El cabello seco, sin brillo y con las puntas abiertas podría indicar un trastorno renal o una anemia. Conviene también averiguar que no haya diabetes.

HIRSUTISMO

Con este término se designa una vellosidad excesiva en las mujeres, que a causa del crecimiento inhabitualmente fuerte el vello sale en la cara y el pecho, algo típicamente masculino. En todo el mundo el hirsutismo afecta a un 5-10 por 100 de las mujeres. Sin embargo no se trata de una enfermedad «independiente», sino de un desequilibrio del sistema hormonal. Depende con frecuencia de una predisposición genética, raramente de una enfermedad. Sin embargo, también los efectos secundarios de determinados medicamentos, por ejemplo los anabolizantes, y el sobrepeso, pueden conducir a un aumento de la vellosidad similar al hirsutismo.

El cabello fino y seco

Son muchas las causas de un cabello fino y seco, como por ejemplo el uso de productos de tinte, o los secadores del pelo, o el nadar en agua clorada. Cuando el cabello se vuelve fino en la raíz, es posible que haya que considerar la existencia de una enfermedad del cuero cabelludo. El cabello que se va volviendo progresivamente más fino, y que después de su cambio de estructura en determinadas circunstancias incluso se cae, puede también ser un indicador de una insuficiencia de la tiroides. Otros síntomas relacionados son cansancio, aumento de peso, una pulsación cardíaca más lenta o una sensación de frío. En algunos casos también se aclaran las cejas, especialmente el tercio externo de la ceja se aclara o desaparece del todo.

El aumento del pelo

A primera vista parecería que un excedente de pelo no debería representar problema alguno, porque la mayoría de nosotros sólo tememos la pérdida del pelo. Pero, cuando el mayor crecimiento se da en lugares no deseados, el alma también sufre. Éste es el caso de muchas mujeres a las que les crece el pelo sobre el labio superior (bigote) o la barba en la mandíbula. Esto sucede cuando el cuerpo reduce la producción de estrógenos y, en su lugar, aumenta la producción de andrógenos.

Las sienes muy pobladas muestran en ambos sexos posiblemente una tendencia a padecer trastornos nerviosos, como mal humor, furia reprimida o preocupación. A la persona afectada se le hace frecuentemente más difícil mantener equilibrado su estado de ánimo. Percibe las situaciones que vive de una manera demasiado dramática. El resultado puede ser precisamente una alternancia de sentimientos, difícilmente controlables. Además, en el caso de un crecimiento lento del cabello, puede ser que el sistema nervioso esté debilitado.

Las variaciones de color

El pelo puede no sólo volverse gris, sino adquirir también otro color. En este caso es determinante una producción modificada de los pigmentos (melanina) que puede producirse a causa de fuertes interferencias en el organismo así como en su funcionamiento. En este caso, las causas pueden ser el entorno, el metabolismo y la alimentación. En el caso del pelo verde, la causa es principalmente el agua muy clorada. Quien por ejemplo va con frecuencia a la piscina conoce bien este fenómeno. Por el contrario, el cabello que se vuelve oscuro de repente indica una enfermedad de la vesícula o una cirrosis del hígado.

La caspa blanca

A pesar de que se supone que va acompañada de un incómodo prurito, la caspa blanca no es contagiosa ni perjudicial a la larga. Deja en la persona afectada una desagradable sensación con respecto a su relación con el entorno. El causante de la caspa puede ser cualquier tipo de extremo, como por ejemplo una piel oleosa o grasa, el estrés, el exceso de peso, el frío o la sequedad, pero también eccemas o psoriasis. En todo caso, la caspa es indicativa de una alimentación poco sana, que por esta razón debería ser analizada a fondo.

La caspa amarillenta

Cuando se forman manchas escamosas, pruriginosas, en el cuero cabelludo, que presentan una consistencia grasa y escamosa, y por ello tienen un color amarillento, puede tratarse de una enfermedad inflamatoria del cuero cabelludo, es decir una dermatitis seborreica (*morbus unna*). Una forma especial de esta erupción en los recién nacidos se conoce con el nombre popular de «tiña» o «eccema de la cabeza».

La erupción cutánea a menudo no afecta sólo la cabeza, sino a toda la cara y abarca zonas como la piel de la nariz o las orejas, la barbilla, las cejas y los párpados. Junto con la predisposición genética, pueden ser causa de este tipo de enfermedad de la piel las micosis o enfermedades del sistema nervioso o inmunológico como el Parkinson o el SIDA. En casos menos dramáticos, una alimentación no equilibrada, productos irritantes para la piel o el propio sudor corporal pueden desencadenar el problema.

Las placas en escamas

Cuando se forma una costra gruesa sobre la piel, ésta es una señal de psoriasis común (*psoriasis vulgaris*). Es la más frecuente de todas las enfermedades autoinmunes, y puede presentarse también en el cuero cabelludo y tener efectos negativos sobre el cabello. Se distingue de otras enfermedades de la piel por una superficie con caspa costrosa y un engrosamiento de la piel.

LOS PELOS QUE CRECEN PARA ADENTRO

Estos pelos no crecen desde la piel hacia fuera, sino que se enroscan hacia dentro. En los niños este fenómeno aparece sólo en casos excepcionales, y en condiciones normales únicamente se presenta en la pubertad, cuando los chicos/as se empiezan a afeitar determinadas zonas del cuerpo, o a depilarse, o a utilizar cremas depilatorias. El nuevo pelo que crece es más afilado que en condiciones normales y por ello le es fácil ir en la dirección equivocada y penetrar en la piel. Así se queda atascado bajo la superficie de la piel, sigue creciendo y produce incómodas inflamaciones. Esto sucede especialmente en la región del pubis, en el cuello, las axilas, aunque puede afectar a otras partes del cuerpo. Aquí también las células muertas de la piel obstruyen las raíces del pelo y obligan de esta manera a que el pelo busque una «salida lateral», lo cual finalmente puede provocar que el pelo a crezca hacia dentro.

EL CABELLO GRIS

¿Cuándo se vuelve gris el cabello? ¿Hay para ello una edad determinada? Y ¿podemos ralentizar o incluso detener el proceso de encanecimiento? Sobre la cuestión del pelo gris, existen varios puntos de vista desde hace tiempo. Hay quien ve en ello una señal de decadencia, de gran vejez y de un final no demasiado lejano. Para las personas positivas representa la madurez, la sabiduría y el estilo. Probablemente en la consideración del cabello gris entra un poco de todo.

Pero la mayor parte de las personas se preguntan: «¿Por qué?». Algunos investigadores conjeturan que la causa del encanecimiento pueda ser unos malos hábitos alimentarios, y por consiguiente una sobreacidificación del organismo, otros la consecuencia de enfermedades propias de la civilización o incluso el estrés. Sin embargo, algunos escogen una apreciación puramente científica y ven una conexión con nuestras células pigmentarias, o, más fácilmente, atribuyen la responsabilidad general a nuestros genes.

Pero ¿cuál es entonces la causa? ¿Quizás sea también un poco de todo? A los lectores del rostro, en todo caso, esto les tiene sin cuidado, porque una cosa está clara: cuando el pelo pierde sus pigmentos, se vuelve gris. Éste es un típico fenómeno concomitante del proceso de envejecimiento y realmente sin solución, si pensamos que esto empieza a aparecer entre los ciudadanos nórdicos y centroeuropeos, de manera lenta pero segura, a partir de los 35 años. Los asiáticos y los africanos, por el contrario, frecuentemente conservan durante más tiempo el pelo negro. Que la persona encanezca de manera prematura como joven adulto o, a veces, como se puede observar raramente, en la infancia, entonces esto da pie a la preocupación.

La predisposición a encanecer aparentemente se nos pone en la balanza, pero el encanecimiento prematuro es también una señal del cuerpo que, de esta manera, nos comunica variaciones externas poco sanas. En algunos casos, puede haber un desgaste excesivo de las propias fuerzas. La persona afectada agota los recursos propios del cuerpo, que, según los lectores chinos del rostro, que también son médicos expertos en MTC, lleva a un limitado nivel de energía y de esta manera a un encanecimiento prematuro del pelo y de la piel.

En las personas muy estresadas y excesivamente inquietas, vemos el cabello cano incluso a una edad más temprana y con mucha más frecuencia que en las personas equilibradas y atentas al reposo. El que se expone de manera duradera al estrés físico y psíquico pierde su vitalidad. Esto se observa sobre todo en la cantidad de minerales que se almacenan en el cuerpo. Las existencias se agotan, el organismo vive de los sobrantes y sólo se «alimentan» las funciones necesarias para la vida, dentro de las cuales no se halla el estado de salud del pelo o incluso el color del mismo.

Cuando la persona siente que se le exige demasiado, ya sea profesionalmente o en su vida privada, su organismo tiende a volverse hiperácido, se agria. La acidez de la cual hablamos aquí es por ejemplo el ácido clorhídrico del estómago, que reacciona de manera manifiesta a las emociones y al estrés, o el ácido láctico, que desempeña un papel en los deportistas, cuando su musculatura se hiperacidifica a causa de la carga de trabajo. En los dos problemas de acidez el aporte equilibrado de minerales rápidamente pone remedio. No en vano los atletas se proveen de un abastecimiento suficiente de magnesio cuando tienen un campeonato. Y cuando hay problemas agudos de estómago, se acuerdan del viejo remedio casero llamado «sal de Glauber», o sulfato sódico hidratado, o también de la «sal de Carlsbad», que no hace otra cosa que aportar sodio. Asimismo, la alimentación puede acidificarnos. El ácido fosfórico, el ácido nítrico, el ácido úrico, la cafeína, el alcohol y la nicotina, todos afectan al contenido en minerales y, finalmente, la salud. Esto podría repercutir en los pigmentos que producen la melanina (*véase* recuadro pág. 107), que reducen su productividad y modo de trabajo, o interrumpen completamente la actividad. El cabello gris es el resultado inevitable.

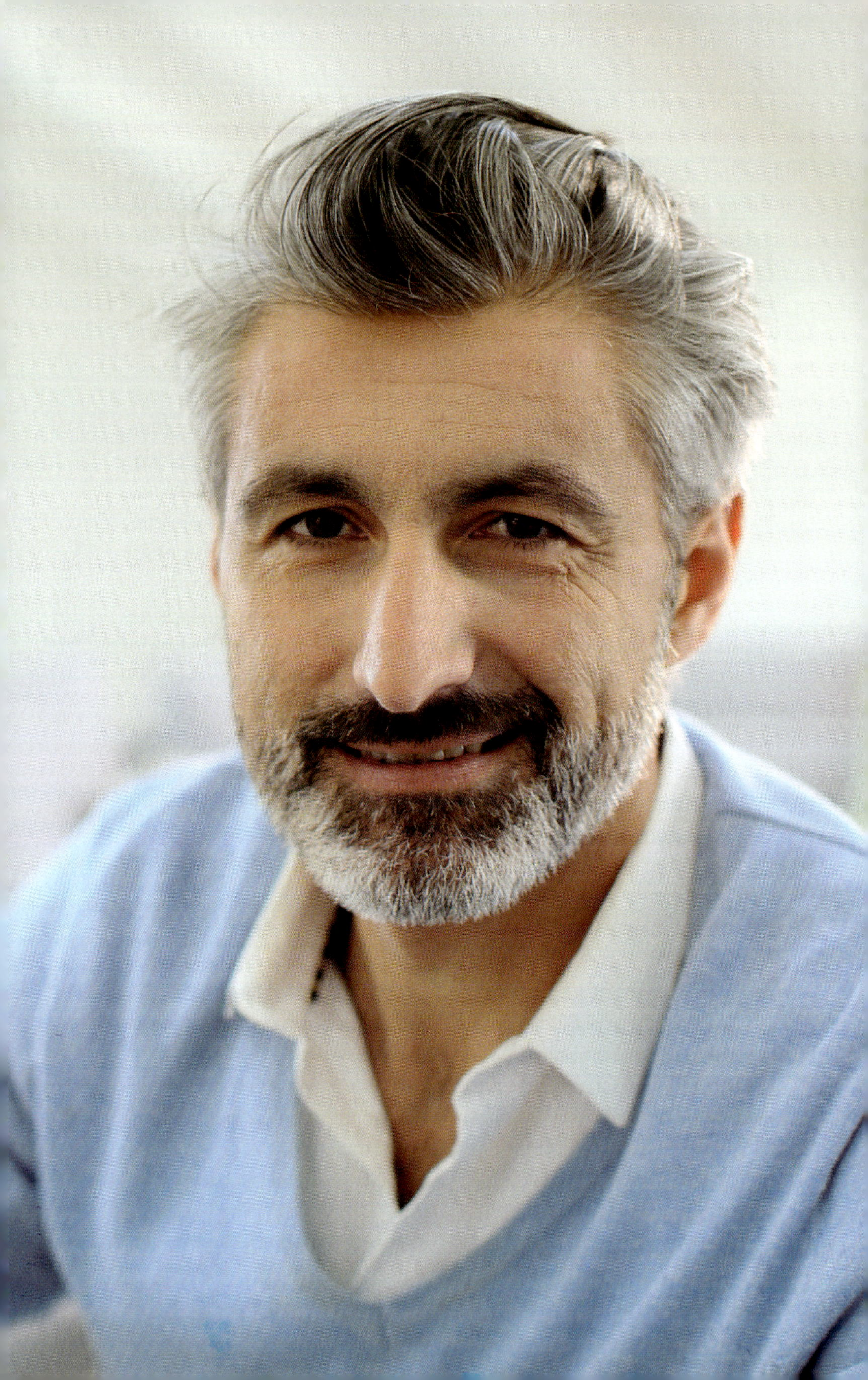

La mejor manera de prevenir el encanecimiento prematuro consiste, por tanto, en disminuir el estrés, dormir lo suficiente, mantener una alimentación básica y sana, con el suficiente aporte de minerales. A ello se añade una desintoxicación o una desacidificación periódica y la reposición de una flora intestinal sana. Del mismo modo, deberíamos utilizar productos naturales ya que el cabello y el cuero cabelludo deberían también estar protegidos externamente contra los productos químicos que producen acidificación.

Sin embargo, no todo cabello cano es igual. Junto con el encanecimiento debido a la edad, el cabello puede volverse gris también por otras causas. Los lectores del rostro y los médicos de terapias alternativas buscan encontrar las posibles causas.

El encanecimiento repentino

El encanecimiento súbito que tiene lugar prácticamente de la noche a la mañana indica una situación en la que el afectado ha sufrido un profundo shock. Los lectores del rostro ven la causa de ello en un dolor que se ha sufrido, un gran miedo o una perturbación anímica, que ha arrancado al afectado de su rutina diaria y lo ha sumido en una crisis interior. Sin embargo, este tipo de encanecimiento es puesto en duda por algunos científicos, aunque sobre ello existen abundantes informes y experiencias en todo el mundo. Ésta es la causa probablemente de que el fenómeno todavía no se haya aclarado en parte, y que hasta la fecha no exista justificación médica alguna.

Pero quizá se esconda algo del todo distinto detrás de esto: la caída del pelo causada por el estrés. Cuando se produce una caída del pelo espontánea provocada por un shock, podría fácilmente derivarse la impresión de un pelo encanecido. El color gris puede también deberse a una mezcla de cabellos blancos y oscuros: cuando aumenta la caída del cabello oscuro y sólo quedan pelos blancos, da la impresión de que el cabello de la persona de la noche a la mañana se ha vuelto blanco o gris. Algunas personas versadas en medicina, por el contrario, hacen responsable del encanecimiento repentino a un nervio paralizado en el cuello.

El encanecimiento prematuro

El encanecimiento prematuro del cabello en jóvenes de la Europa del norte o central, con menos de 35 años, debería ser motivo para acudir a una visita médica. Muchos lectores del rostro, en el caso de un encanecimiento prematuro, recomiendan descartar que no haya un hipertiroidismo o la sospecha de una diabetes. También una carencia de enzimas o una sobrecarga excesiva para el cuerpo, el espíritu y el alma podrían ser los causantes. En todo caso, habría que controlar el consumo de sal de la persona afectada, que probablemente es demasiado elevado. En efecto, junto con el estrés también la sal puede ser perjudicial para el color del pelo. Cuando nos afecta un estrés anímico nos sentimos afligidos. La sal tiene el mismo efecto, ya que puede bloquear el aflujo de elementos nutritivos.

Mechones blancos de pelo

El cabello blanco puede representar la sabiduría y el conocimiento, pero cuando en la juventud ya aparecen mechones sueltos de color blanco habría que hacerse revisar el cuero cabelludo. Posiblemente, puedan deberse a una enfermedad parcial de los nervios de la cabeza.

LAS CEJAS
Y LAS PESTAÑAS

Cuando hablamos del pelo, pensamos principalmente en el pelo de la cabeza o de la barba. Los finos pelillos de las cejas y de las pestañas quedan a menudo en un segundo plano y se mencionan sólo más tarde. Con frecuencia, infravaloramos su significación y en esto no estamos solos, porque incluso muchos practicantes paramédicos les dan poca importancia a las variaciones de las cejas y las pestañas, y únicamente se fijan en ellas cuando ha sobrevenido la pérdida total de este pelo. Esto es sorprendente, porque tanto las cejas como las pestañas tienen una importante función: han de proteger los ojos, tan sensibles, de la humedad, el sudor, el polvo y los cuerpos extraños, como por ejemplo los pequeños insectos. Tienen también un papel en la comunicación no verbal, ya que por su disposición constituyen una ayuda necesaria para la expresión del rostro. Las personas que no las utilizan tienen un aspecto atónito, como de una máscara y, por consiguiente, sin emociones.

Mientras que la duración de las cejas está entre los 6 y los 8 meses, la de las pestañas es sensiblemente más corta. A más tardar después de 150 días se cae el fino pelo de la pestaña, sin embargo, no sin haber dejado lugar para uno nuevo. Cuando esto no es así, el lector del rostro se pone sobre aviso ya que la pérdida involuntaria o cada variación en el vello de la cara no es en ningún caso una tontería, sino que debería hacer pensar: ¿qué me está comunicando mi cuerpo, en especial mi cara?

Junto con la pérdida de atractivo y una disminución de la capacidad de comunicación no verbal, destacan en primer plano los aspectos de la salud. El arte europeo de la lectura del rostro, del diagnóstico por el semblante, y el Siang-Mien chino, que también se utiliza en la MTC, ofrecen unas posibilidades de interpretación.

Las cejas

Las cejas tupidas

Las cejas tupidas no son raras en un hombre, pero si se presentan en una mujer indican irritación. La causa de ello es el exceso de hormonas masculinas. En las mujeres se atribuye frecuentemente a una debilidad de la glándula germinativa (insuficiencia de la glándula germinativa), que encuentra su confirmación en una fuerte vellosidad del labio superior. Las cejas tupidas pueden también indicar un climaterio precoz y, por tanto, una llegada prematura de la menopausia.

Las cejas juntas

Como volveremos a explicar más adelante, las cejas que crecen juntas se encuentran sobre todo en personas que una vez decididas se mantienen firmes en sus objetivos. El cuerpo reacciona a ello con las formas más variadas de tensión y endurecimiento. Disciplinas asociadas a la lectura del rostro previenen en estos casos contra el dolor de cabeza y la presión sanguínea alta. Es frecuente también una propensión a los trastornos circulatorios súbitos (apoplejía) o la posibilidad de una predisposición a sufrir epilepsia.

Las cejas delicadas

Para muchas personas las cejas finas, delgadas son una señal de atractivo femenino. Sin embargo, si las cejas no tienen esa forma por haber sido depiladas, sino que han crecido así de manera natural, este «ornamento» puede tener una causa menos favorable y la mujer afectada en determinadas circunstancias podría padecer de una falta de estrógenos. En este caso, una reglas dolorosas pueden ser las consecuencias. En los hombres, por el contrario, se trata de una insuficiencia de la glándula germinativa. El hombre afectado tiene su componente femenino exagerado, lo que puede llevar a un desequilibrio anímico. En él la fuerza nerviosa es más bien floja, y las variaciones de humor y una resistencia reducida pueden ser las consecuencias.

Las cejas canosas

Unas cejas que se vuelven canosas al mismo tiempo que lo hace el cabello dan poco lugar a la preocupación,

siempre y cuando la persona afectada tenga la edad apropiada. Si las cejas se vuelven canosas en una persona joven, que todavía no tenga 40 años, entonces puede ser motivo de preocupación.

Esto sucede sobre todo cuando el cabello mantiene su color habitual. Los lectores del rostro no ven en ello ninguna manifestación verdaderamente relacionada con la edad, y preguntarán sobre posibles disgustos, variaciones de humor, dolores de cabeza o vacíos de memoria, que posiblemente vayan aparejados con el encanecimiento. Además de tener en cuenta una depresión, habría que vigilar también una posible esclerosis cerebral (trastornos circulatorios del cerebro).

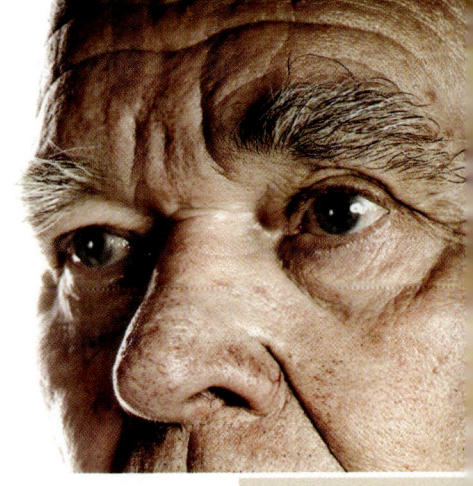

Las cejas caídas lateralmente

Las cejas caídas lateralmente pueden ser una gran ayuda para la comunicación no verbal, ya que subrayan nuestras palabras. Esto, sin embargo, es así únicamente en el caso en que las cejas caen hacia abajo solamente por fracciones de segundo. Cuando las cejas permanecen caídas por varias horas o incluso todo el día, nos deberían hacer reflexionar, y aconsejar un esfuerzo distinto del nervio (*nervus facialis*) y de los músculos de la cara. En este caso una posible causa podría ser, por ejemplo, una hemicránea aguda. Cuando la ceja se muestra deprimida de manera permanente, se manifiesta en la cara de una persona sin interrupción temporal, entonces la migraña se ha convertido en un estado permanente. Y dicho sea de paso, es muy probable que las cejas caídas lateralmente se encuentran en los pacientes que han tenido un ataque apoplético.

Las cejas cortas

Las cejas demasiado cortas son con frecuencia una señal para la intervención radical de quien las tiene. Con unas pinzas o con tijeras se acomodarían a un ideal de belleza. Para el lector del rostro vale la pena preguntarse si las cejas muy cortas no son el resultado de una depilación voluntaria, ya que no es raro que una molestia hormonal sea el factor desencadenante.

Pérdida de las cejas

En el caso de la pérdida o caída total de las cejas, el lector del rostro está bien orientado informándose suavemente y sin alterarse. Quizás esa persona persigue un ideal de belleza, que excluye las cejas naturales. A menudo se tatúan cejas para completarlas o se dibujan con un lápiz para cejas. Esta pérdida voluntaria es lamentable, pero no afecta a la salud.

Para los lectores del rostro chinos la caída involuntaria de las cejas es una señal de aviso de la pérdida de energía vital. Lo que en las personas mayores no es inhabitual, cuanto más joven sea la persona afectada más deberíamos preocuparnos y buscar las causas de la vitalidad perdida. En los pacientes cancerosos que reciben quimioterapia, la pérdida de las cejas no es rara, como sucede en quienes sufren una grave enfermedad del sistema inmunológico. Si se caen solamente los pelos laterales de las cejas, puede tratarse de una insuficiencia de la glándula tiroides.

Las pestañas

Rotura de las pestañas

Las pestañas son en efecto unos pelillos finos pero al mismo tiempo también elásticos y flexibles situados en el borde del párpado superior e inferior del ojo. Cuando se rompen, las pestañas se muestran muy cortas de manera poco natural. Esta situación puede deberse al uso de pestañas postizas, pero también a una mala técnica de maquillaje. Con frecuencia, detrás de esto está la falta de elementos vitales y, por consiguiente, un modo de alimentación poco sano.

Las pestañas finas

A menudo las pestañas finas son difíciles de ver. Lo mismo vale para las pestañas de color muy claro o poco gruesas. A veces son una consecuencia de la quimioterapia, pero también pueden indicar una exagerada sobrecarga espiritual y anímica, que se manifiesta a través de mechas de pelo enfermas (*véase* recuadro, pág. 66). En ese caso la causa son los conflictos interiores, no manifestados, que se quisieran haber dicho, o demasiado estrés.

Las pestañas pegadas

Las pestañas pegadas son una indicación de una inflamación de los párpados (blefaritis). En este caso, el lector del rostro intenta buscar, además, en el borde del párpado enrojecimientos, escamas blancas y tumefacciones que piquen, que causan la aglutinación.

Pestañas con función alterada

Hablamos del llamado «párpado enrollado» (*entropión*), cuando hay una disposición defectuosa del párpado, cosa que en la mayoría de los casos se presenta en el párpado inferior. Éste se gira hacia dentro en dirección al ojo, y es causa de que las pestañas rocen en la córnea y que provoquen una considerable irritación.

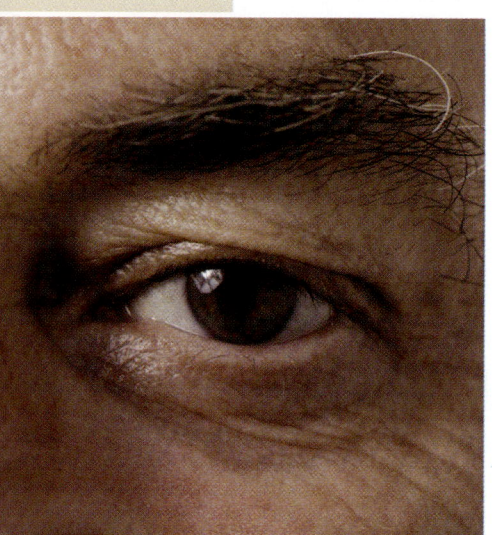

Caída de las pestañas

La fragilidad, pero sobre todo las enfermedades, pueden causar la caída de las pestañas. Esta alteración se llama «madarosis». El término se deriva del griego y significa 'calvo'. Las causas de la caída pueden ser varias y depender desde una carencia de vitaminas hasta quemaduras o un fuerte estrés o la consecuencia de la quimioterapia.

CUIDADO DEL CABELLO

El cabello cuidado es hermoso y para muchos indicativo de un pelo sano. Nos otorga personalidad, atractivo, una apariencia espléndida y especialmente para la primera impresión que damos tiene un valor incalculable. El pelo, de una manera muy particular, se comunica no sólo con nuestro entorno sino también con nosotros mismos. Tiene mucho que contarnos, por ejemplo si las cosas le van bien o si se siente desatendido.

Si este último es el caso, el mercado tiene una casi inabarcable abundancia de productos, que harán que el cabello muestre otra vez su mejor aspecto. Desde hace tiempo ya no se habla sólo del champú, sino que para el pelo hay acondicionadores, fijadores, lociones, tratamientos y enjuagues, espráis, geles y tintes colorantes. Además, se encuentran muchos productos que prometen el crecimiento del pelo, su salud y un mayor brillo, en la actualidad disponibles también en las farmacias. El farmacéutico rivaliza con el peluquero para dar las mejores sugerencias y medios para tratar un pelo seco, sin brillo o estropeado porque, aparentemente, para cada problema hay también el producto adecuado. Orientarse ante tanta posibilidad de elección no es tarea fácil.

Lo que parecemos olvidar en estas situaciones son los remedios que tenemos cerca, viejos remedios caseros, que se han estado recomendando y transmitiendo desde hace siglos. No debería sorprender a nadie que las sustancias en ellos contenidas se encuentren también en muchos productos preparados industrialmente.

Para el mantenimiento de una cabellera sana deberíamos prestar atención a dos factores: el tratamiento exterior, que está relacionado con el cuidado directo del pelo, y la creación de una base óptima desde el punto de vista de la salud, que afecta al interior de nuestro cuerpo y que tiene mu-

cho que ver con la alimentación y los principios activos en ella contenidos.

Las sugerencias que siguen deberían ser un estímulo e invitar a reflexionar. Con relación al cuidado del pelo no existe una verdad absoluta. Por ejemplo, el que siga una dieta vegana no querrá tomar en consideración todas las sugerencias que se exponen a continuación, pero con seguridad conocerá otros alimentos que contengan los elementos correspondientes.

El cuidado del pelo desde fuera

> Los champús para la limpieza del pelo no están pensados para un uso diario, y quien los utiliza con demasiada frecuencia no se hace ningún favor, porque a medio plazo el cabello se secará.

> Los productos dos-en-uno, por ejemplo el champú y el acondicionador todo en uno, ahorran tiempo pero no son convenientes para el pelo, el caso es que cuando se ponen dos cosas al mismo tiempo frecuentemente una de ellas sobra.

> Los enjuagues y los tratamientos pueden tener sentido de vez en cuando, pero deberíamos plantearnos si nos decidimos por un producto químico o por uno natural, y quizás incluso por un remedio preparado por nosotros mismos.

> El tipo de peinado puede ser adecuado para realzar nuestro atractivo, sin embargo, deberíamos tener cuidado de que el tinte, la decoloración, la permanente, el brillo o los alargos no se conviertan en una rutina diaria. Estos varapalos dañan al cabello de manera duradera.

> Después de lavar el cabello, no se debería secar frotándolo de manera demasiado enérgica, sino que se

debería presionar suavemente con la toalla hasta que quede seco.

› Si se utiliza un secador hay que tener cuidado de que no esté demasiado cerca del pelo, y no utilizar al máximo de calor. En efecto, cuanto más pronto empecemos el uso del secador, más sufrirá el pelo a largo plazo. Un grado intermedio, de frío a tibio, es suficiente. O aún mejor: en lugar de utilizar el secador, dejar que el pelo se seque al aire.

› Cuando se toma el sol hay que prestar atención a que el pelo y la piel de la cabeza no estén expuestos sin protección a los rayos UV. Basta con llevar una gorra o utilizar una sombrilla.

› Los cepillos y los peines no deberían ser de plástico sino de materiales naturales, como la madera. Las cerdas y los dientes de estos materiales son redondeados, por lo que proporcionan un agradable efecto de masaje sobre el cuero cabelludo.

› Quien tiene dificultad para peinar su cabello, después del lavado, debería echar algo de vinagre sobre el pelo mojado.

› Si el cabello no tiene volumen, entonces sirve emplear cerveza con la que masajearemos el cabello después del lavado. Las sustancias contenidas en ella le darán más consistencia.

› Las yemas de huevo son ideales contra la caspa, pero se han de masajear a fondo, ya que el cuero cabelludo es el lugar realmente afectado. Si esto no funciona, habría que probar una infusión de capuchina.

› La manzanilla es apropiada cuando el cabello rubio se oscurece. Basta con utilizar una infusión de manzanilla después de lavarse la cabeza (5 bolsitas de manzanilla, se vierte encima medio litro de agua caliente y se deja reposar una hora). Por el contrario, el que quiera hacer algo bueno para su cabello oscuro, será mejor que utilice té negro, que se prepara y emplea de la misma manera.

› En general, sería bueno beber té verde con mucha más frecuencia, ya que los elementos que contiene dan brillo al cabello y son una buena protección contra los radicales libres. Sin embargo, lo podemos utilizar exactamente como la infusión de manzanilla en el pelo lavado y, finalmente, dejar que se seque.
› Cuando el cabello está seco y descolorido, el uso de aceite de oliva de alta calidad puede realmente obrar maravillas. Éste se masajea a fondo en el pelo seco y luego se enjuaga.
› En el caso de las puntas abiertas es mejor utilizar aceite de almendras. Se ponen unas pocas gotas en las yemas de los dedos y se hacen penetrar en las puntas abiertas.
› Una cucharada sopera de miel y una yema de huevo obran un pequeño

EL AGUACATE PROTEGE EL COLOR DEL PELO

El aguacate es muy sabroso y, además, gracias a su contenido en nutrientes puede contribuir a la belleza del cabello, y esto no sólo porque es un alimento sano, sino como una cura para el pelo, ya que el cabello que se va volviendo lentamente gris, así como el que todavía tiene color pero que lo va perdiendo rápidamente, pueden aprovecharse de la pulpa de este fruto. Para ello habrá que sacar la pulpa con un tenedor, mezclarla con una taza de nata hasta obtener una papilla viscosa. Se extiende sobre el pelo húmedo y se deja actuar durante 15 minutos, se enjuaga a fondo, y ya tenemos la protección del color que habremos de renovar regularmente.

sortilegio contra el pelo quebradizo. Se aplica la mezcla en las partes maltratadas del pelo, se deja actuar durante un cuarto de hora y luego se enjuaga con agua fría.

› En el caso de cabello grasiento, puede ser de ayuda la arcilla medicinal. Después de la arcilla se aplica la mezcla apropiada, que debería utilizarse diariamente durante algún tiempo.

› Podemos reforzar el cuero cabelludo por medio de ortigas, ya sea como bebida en forma de infusión, o como decocción que, sencillamente, se masajea en el cuero cabelludo húmedo.

Cuidados del pelo desde dentro

Una alimentación sana es siempre la mejor base para tener un pelo sano y hermoso. En la época del *fast food* no es sorprendente que muchas personas presenten carencias en los cuidados básicos de su organismo, y por consiguiente problemas con la salud de la piel y del cabello. En efecto, las manifestaciones carenciales debidas a la falta de los más importantes elementos vitales se muestran especialmente en la piel y el pelo. Es necesario un cambio de alimentación si no queremos padecer antes de tiempo los procesos del envejecimiento. Es posible tener un cabello hermoso hasta en una edad avanzada si ponemos a nuestro organismo, en cuanto a la alimentación se refiere, en la situación de colaborar. Enriquezcamos nuestra dieta con productos nutricionales, que contienen los elementos vitales más nutritivos:

› Las bayas son ricas en antioxidantes, y pueden proteger el cuerpo de los perjuicios que ocasionan los radicales libres. Los arándanos tienen las propiedades antioxidantes más elevadas.
› Las almendras están llenas de proteínas y magnesio, y son por tanto una ayuda ideal para evitar el estrés y los conflictos interiores. El estrés puede causar la caída del cabello, y deberíamos afrontarlo cada día ingiriendo un puñado de almendras.
› Las ostras contienen gran cantidad de cinc, esencial para la elaboración de las proteínas del pelo y las uñas.

En efecto, las ostras tienen más cinc que cualquier otro alimento, pero como no es un alimento básico de consumo diario, en su lugar, podemos comer judías blancas, guisantes, mijo, copos de avena y nueces, que también contienen mucho cinc.

> El pescado como el salmón, las sardinas y la caballa aportan los ácidos grasos omega-3. Estas grasas sanas hacen pequeños milagros y pueden incluso proteger contra las enfermedades. En todo caso, nuestro cuerpo las necesita para que el cabello pueda lucir brillante y fuerte. Pero nuestro organismo no está en condiciones de producir estos ácidos grasos, por lo tanto, será necesario conseguirlos a través de la alimentación.

> Las verduras de hoja verde oscuro, como por ejemplo las espinacas, están bendecidas con una larga lista de sustancias nutritivas sorprendentes, entre ellas la vitamina A, el hierro, el betacaroteno, el ácido fólico y abundante vitamina C. Estas sustancias garantizan un cuero cabelludo sano y lo proveen de humedad.

> La guaba rebosa de vitamina C. Esta fruta tropical, por lo tanto, protege el pelo para que no se rompa.

> La carne de bovino, pero también las legumbres como la soja o las lentejas son ricas en hierro. Este mineral tiene una importancia destacada para el fortalecimiento del sistema inmunitario y de la vitalidad. Cuando los depósitos de hierro están vacíos, no debería sorprendernos que se produzca un encanecimiento prematuro o incluso una pérdida del cabello.

› Si el pelo se vuelve seco y pierde brillo, la respuesta apropiada puede estar en los boniatos, que son ricos en betacarotenos. Si no están disponibles porque no es la estación adecuada, también sirven las zanahorias, las calabazas, los melones y los mangos.

› Cuando se trata de la circulación sanguínea en el cuerpo, la canela contiene los elementos adecuados. Por ello, no deberíamos subestimar esta especia, y deberíamos utilizarla para mejorar los postres, el muesli, las tostadas o las bebidas como el té y el café. Una circulación sanguínea sana sustenta los folículos pilosos con suficiente oxígeno y proporciona importantes sustancias nutritivas para un pelo sano.

› La yema de huevo es rica en biotina, que contribuye a que el cabello tenga una apariencia brillante. También los productos integrales y las nueces contienen biotina, que tiene efectos antiinflamatorios, que son de especial importancia para las raíces del cabello.

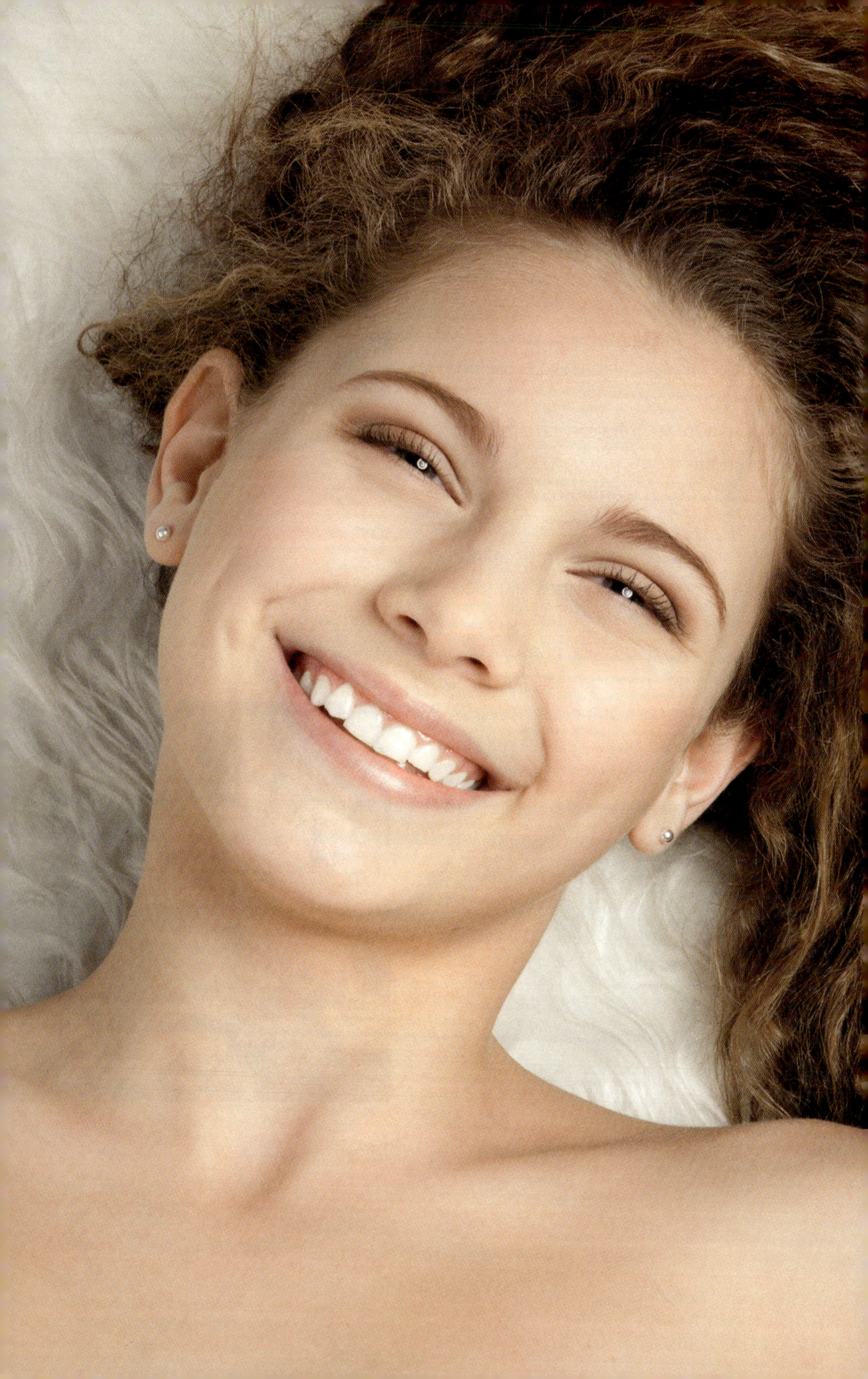

El cabello

y la PERSONALIDAD

UN REFLEJO DE LA PERSONALIDAD

En las peluquerías, en los centros de belleza, en las barberías de este mundo frecuentemente se oye mucha palabrería, mucha conversación. Aquí no predomina el silencio confuso o inquieto propio de las salas de espera de un médico o de una oficina administrativa. El trabajo de los peluqueros une a las personas, y esto no sólo por la competencia profesional que éstos aportan en cuestiones relacionadas con el cabello, sino sobre todo por el papel especial que adoptan y que les hace actuar como «psicólogos a tiempo libre», o como conocedores de las personas, o destacados conversadores. Las afirmaciones de una peluquera o de un peluquero son muy apreciadas. Por ello no sorprende que también el resultado de su actividad, el peinado, el corte de pelo, tenga un valor afirmativo que no se puede infravalorar. Esto lo había afirmado hace ya algunos años la Dra. Marianne LaFrance, directora del estudio «First Impressions and Hair Impressions»* en la Universidad Yale de New Haven, Connecticut. La profesora de psicología y de investigación de la mujer y de la familia ya había descubierto que diversos peinados se corresponden con determinadas características y rasgos de la personalidad, que van desde lo muy positivo hasta cualidades menos agradables.

Que sea largo o corto, teñido o no, afeitado o con extensiones, con la frente despejada o con mechones, que lleve la raya a la izquierda, a la derecha, en medio, o ninguna, el modo en que las personas llevamos el pelo dice mucho de nuestro modo de pensar y de comportarnos, y con ello de nuestra personalidad y actitud ante la vida. Naturalmente, el peinado puede variar constantemente, y además existen las distintas tendencias. Sin embargo,

---

* Primeras impresiones e impresiones de cabellos.

lo mismo vale también para la vida afectiva: nuestras orientaciones son igualmente variables y ceden ante influencias que no siempre sabemos controlar. Entonces manifestamos el agobio interior no sólo mediante palabras, sino sobre todo con nuestra imagen exterior. La vestimenta y el cabello sirven de manera especial para establecer la comunicación no verbal, ya que a través de ellos enviamos mensajes subconscientes y comunicamos nuestro estado más íntimo al mundo exterior. Entonces, el peinado parece desempeñar un papel especial. Así la pregunta del efecto de un determinado peinado sobre ciertas personas tiene en verdad sentido, sin embargo, lo que cada uno quiera transmitir con su cabello abre una ventana a los pensamientos profundos y al mundo anímico de la persona, como podemos imaginarnos.

Cuando nos hacemos un nuevo corte de pelo, incluso un nuevo color, la causa de ello puede ser un pequeño cambio o un punto de inflexión de profundo alcance en nuestra vida, que marcamos de esa manera. Así, el pelo se convierte en un útil indicador para conocer el modo de ser y el desarrollo personal de un individuo.

El peinado es nuestra carta de presentación personal, por lo menos tan importante como la ropa que vestimos. Es un espejo de nuestra personalidad. Naturalmente, es un buen consejo no juzgar de manera definitiva o incluso condenar a una persona a causa de su cabello, aunque esto pueda suceder de manera subconsciente, pero cuando sabemos qué ideología o qué concepto de la vida se esconden tras ese estilo, el cabello puede resultar muy útil para comprender la personalidad de nuestro interlocutor.

LOS COLORES
DEL PELO

Las rubias son supuestamente muy atractivas, pero ingenuas. Las pelirrojas tienen un temperamento ardiente, pero pueden ser también peligrosas. Las castañas son elegantes, con los pies en la tierra y sólidas, pero casi siempre poco divertidas. Y las de pelo negro se presentan ya sea como misteriosas y melancólicas o de buena casta y apasionadas. Son muchos los estereotipos relacionados con el color de pelo natural. Si bien sabemos, desde un punto de vista intelectual, que estas afirmaciones representan opiniones infundadas, nos dejamos influenciar por la primera impresión que nos causa el color del pelo de una persona. Sin embargo, la pregunta sobre el valor informativo de los colores del pelo se cuestiona y no sólo sirve para fomentar discusiones en círculos de amigos, sino que también divide a la comunidad de los lectores del rostro. Según la tradición de la lectura del rostro, los lectores de todo el mundo atribuyen al color del pelo diferentes significados. Algunos afirman que el color tiene el poder de comprobar de buenas a primeras los signos de la personalidad, otros ven en él un significado irrelevante. La verdad se halla probablemente entre una y otra afirmación.

En mi trabajo en la Face Reading Academy, así como en mis viajes por el mundo como lector del rostro, pude comprobar lo siguiente: el color natural del pelo básicamente no dice nada sobre la persona, pero puede dar unas primeras indicaciones sobre la personalidad, el modo de ser y los rasgos característicos. Sin embargo otra cosa es el pelo teñido, que puede dar muy buena información sobre la personalidad de una persona. No es casual que atribuyamos determinadas propiedades a los colores, cuando por ejemplo vinculamos el rojo con el amor, o el blanco con la inocencia. Quien modifica no sólo la forma sino también el color del pelo está poniendo en evidencia determinados aspectos de su personalidad. «¡Mirad, así soy yo realmente!». O bien: «¡Así me gustaría ser!». El color del pelo es pues más que un elemento del aspecto exterior, y tanto si es provocado o no, evidentemente se relacionan con él determinadas propiedades del carácter. No pocos contemporáneos emiten un juicio, por ejemplo en la elección de una pareja, basados en el color del pelo de una persona. Esto no sucede de manera consciente, porque en primer lugar el subconsciente juega ahí un papel significativo. Y no se trata tampoco de cuán alejada esté la personalidad de la persona valorada por el color del pelo, sino mucho más sobre la impresión que motiva el color de pelo sobre el eventual observador.

El pelo rojo

El espectro de color del pelo rojo va desde el anaranjado, pasando por el cobrizo y hasta el caoba profundo, que muchos equivocadamente definirían como castaño. Este color de pelo tan raro es la variación de un gen sobre el cromosoma 16, que produce ese color al fortalecer la feomelanina del pelo (*véase* recuadro, pág. 107), pero que también se halla en la piel, que se convierte en clara y muy sensible y que produce un aumento de las manchas causadas por el sol. Por otra parte, no se sabe a ciencia cierta si esto está relacionado con el siguiente fenómeno: se ha observado en los hospitales que los pelirrojos son más sensibles al dolor y que en relación a la anestesia necesitan dosis más elevadas de sedantes que las personas rubias, o las de pelo castaño o negro. Los investigadores están esforzándose por encontrar una explicación, pero hasta la fecha no ha habido ningún estudio concluyente.

Naturalmente, los pelirrojos no son por lo demás raros. En realidad, aparecen con mucha más frecuencia que las personas naturalmente rubias. En la actualidad, una de cada 33 personas en todo el mundo es pelirroja, de éstas la mayoría viven en Escocia (el 13 por 100 de sus habitantes), Irlanda y Australia (11 por 100, respectivamente) e Inglaterra (casi el 10 por 100). Pero también se hallan personas con el pelo de color rojo en Pakistán y otras regiones de Asia, como Papúa Nueva Guinea, o la India, aunque muy raramente.

En el pasado, las personas supersticiosas a menudo consideraban sospechosos a quienes tenían el pelo rojo. Al ser tan raros, creían que en ellos había algo diabólico, sobre todo las mujeres con el pelo rojo y los ojos verdes inspiraban a menudo esa desconfianza. Se las acusaba de brujería y no pocas murieron atrozmente en la hoguera de la Inquisición. Al mismo tiempo, las personas pelirrojas fueron representadas profusamente en las obras de arte de los pintores italianos y del escultor Miguel Ángel (1475-1564). También hoy en día reciben mucha atención, sobre todo en los medios. En todo caso, las personas pelirrojas siempre tuvieron y tienen una posición significativa dentro de la sociedad.

Esto se manifiesta también en los rasgos característicos, que atribuimos a los pelirrojos, cuya veracidad no debería ser comprobada de manera dogmática, sino más bien lúdica a través de las personas que forman el círculo de nuestros conocidos.

Los pelirrojos llaman la atención. Son personas que se distinguen. Con razón o sin ella, son sencillamente raras. Por esta razón, también se les atribuye la capacidad de imponerse. Los lectores del rostro sospechan que tras este color de pelo existe únicamente el deseo de una capacidad para la cual el color representa una especie de acción sustitutoria. El que este deseo se haga realidad depende seguramente de muchos otros factores.

Los pelirrojos, a causa de su color de pelo encendido, pasan por ser explosivos, apasionados y seductores. De ellos se dice que se desempeñan en el trabajo con mucha altanería y temperamento fogoso. Según dicen, odian perder el tiempo y tienen un buen sentido del humor. La imagen que se tiene de los pelirrojos a menudo es de naturaleza romántica. Según eso, estarían enamorados del amor y les gustaría el drama, lo cual puede también conducir a ser inconstantes en sus relaciones. Ocasionalmente se da también lo opuesto, y los pelirrojos aparecen apocados, con un miedo excesivo al rechazo. Esto les acarrea la fama de tener varias personalidades, y les hace muy misteriosos. Para muchas personas frecuentemente son un enigma para ellos mismos.

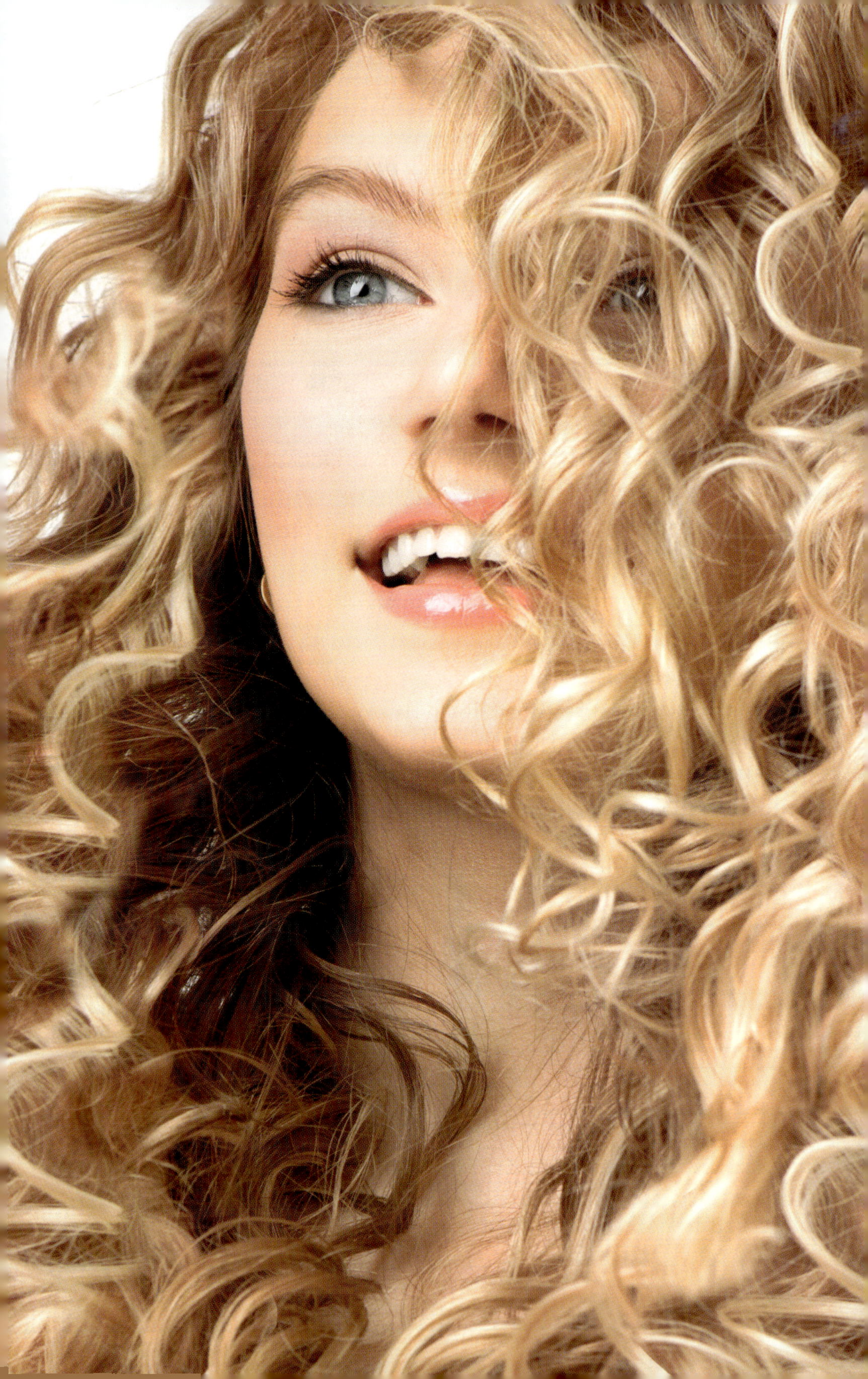

El pelo rubio

Lo que nosotros definimos como rubio (en francés: *blond(e)*, 'claro') abarca todo el abanico de colores que van desde el amarillento claro hasta el rojizo, un tipo blanco más oscuro hasta un tono castaño claro, que está cubierto de mechas más claras. Categorías tales como rubio rojizo, rubio claro, color paja, rubio ceniza, rubio medio, rubio oscuro y rubio oxigenado ponen de manifiesto la gran diversidad existente. Sin embargo, el grupo de las personas rubias naturales es más bien una minoría. En efecto, únicamente alrededor de un 2 por 100 de la población mundial es actualmente rubia. Es sólo el gran número de gente teñida de rubio el que en algunas partes del mundo nos transmite una impresión diferente.

La mayor parte de personas rubias se encuentran en Europa del norte y central y en Norteamérica. Pero también en Argentina, Namibia, Siberia, el norte de África y en el Líbano podemos encontrar a nativos rubios. Curiosamente, tanto como el 5 por 100 de la población indígena de las Islas Salomón en el Pacífico Sur se han de clasificar en el tipo rubio, si bien los habitantes tienen un color de piel prevalentemente oscuro. La explicación es que el color del pelo no es sólo el resultado de una transmisión genética, como por ejemplo a través de la colonización por parte de mercaderes itinerantes y de viajeros, así como de la formación de melanina (*véase* recuadro, pág. 107), sino que probablemente también jueguen un papel el grado de insolación y una alimentación rica en pescado.

Entre los niños el número de rubios es claramente más elevado, pero con el paso del tiempo en muchos el color del pelo se oscurece, porque la producción de melanina del cuerpo aumenta notablemente.

En el pasado los hombres rubios eran designados como «rubitos», hoy en día ese concepto ya no se usa. Por el contrario, las mujeres rubias siguen siendo definidas como «rubitas». Principalmente la palabra lleva implícito un cumplido, ocasionalmente sin duda apreciativo. Las personas rubias atraen evidentemente con más facilidad que las personas con otros colores de pelo.

Aquí examinamos, pues, sin prejuicios los estereotipos que se transmiten sobre las personas rubias:

Las mujeres con el pelo rubio, las «rubias», a menudo son tachadas de frágiles e ingenuas por las mujeres con otro color de pelo. También muchos hombres ven en ellas debilidad y candidez, y con frecuencia no las toman en serio. Pensemos en los muchos chistes sobre rubias que sólo pueden haber sido ideados por hombres. Pero, por otra parte, como las mujeres no sólo menosprecian a las rubias, sino que de manera bastante interesante también las perciben como competidoras, en el observador masculino resuena un segundo aspecto: en muchos el color del pelo tiene un efecto sensual, femenino y provocador, y por esta razón especialmente atractivo. No sorprende, pues, que el agradable efecto secundario del pelo rubio sea que sus portadoras automáticamente tengan un aspecto más joven de cara al exterior. Esto depende de la producción de melanina que ya hemos descrito, que incluso las cabelleras rubias con el tiempo se oscurecen. Por ello, el rubio es el color de pelo que se relaciona más con la juventud.

Los hombres que tienen el pelo rubio son más gráciles, sensibles, tolerantes, pero también más vulnerables que los hombres con el pelo oscuro. A menudo pasan por *sunny boys* (muchachitos), y el clásico surfista se suele representar como un guapo de playa rubio y bronceado.

Tanto si esto tiene importancia estadística como si no, las encuestas en Estados Unidos mostraron que las mujeres de pelo rubio tienen más expectativas para consigo mismas y para los demás. Quizá sea sólo una casualidad, pero posiblemente se halle aquí una base para la tasa de divorcios más elevada en el caso de las personas rubias entre los estadounidenses.

MELANINA

Para la producción y manifestación del color del pelo las personas tienen un pigmento llamado melanina. Un grupo de células especializadas, los melanocitos, se colocan en proximidad inmediata de las raíces del pelo y le transmiten la melanina.

Conocemos la melanina en un doble aspecto: uno como el pigmento eumelanina, que es dominante en el pelo castaño y negro, y otro como el pigmento feomelanina, responsable del pelo rubio y rojo. La conexión recíproca de estos dos pigmentos produce el color de pelo del individuo. Según las proporciones de la mezcla de ambos tipos de melanina se dan las variaciones de color conocidas.

Dicho sea de paso, con el tiempo la producción de melanina se debilita, dando como resultado el a menudo no deseado cabello gris o blanco. En este caso, la melanina se reemplaza en el fuste del pelo con el depósito de burbujas de aire.

Pelo castaño/pelo moreno

La cabellera castaña se encuentra en todo el mundo, sobre todo en América del Norte, Europa y Australia. Y aunque en minoría, se encuentra también en amplias zonas de Asia, África o Sudamérica, donde es visto como menos exótico que el pelo rojo o el rubio. Su principal ventaja, que tiene por la apreciación en la sociedad con respecto a los demás colores, parece que dependa de la mezcla correcta de las componentes cromáticas. Este cuadro positivo pone en evidencia el hecho de que la mayor parte de los premios Nobel están en el grupo de individuos que tienen el pelo castaño. Por otra parte, también parece que haya una conexión entre la adicción a la nicotina y el cabello castaño, así como una mayor facilidad a sufrir de calvicie en las personas que habían tenido el cabello castaño.

Más de la mitad de los hombres informan que las mujeres pelirrojas y las rubias ejercen una fuerte atracción sobre ellos, pero que a la larga considerarían las castañas más atractivas. Sin embargo, los simpatizantes son muchos y dependen mayormente de determinadas modas.

Cada uno de nosotros debería hacer un test para comprobar si las siguientes propiedades enumeradas corresponden a la verdad:

Las personas con el pelo castaño pasan por ser especialmente flexibles y poco extremistas. Muchas informaciones muestran que las mujeres con el pelo castaño son consideradas por la mayoría de hombres y mujeres como más inteligentes, más estables y con los pies en la tierra. También se les atribuye fiabilidad, afabilidad, lealtad y formalidad. Las personas de pelo castaño se consideran más sinceras, más serias y más equilibradas que las que tienen otro color de pelo. Acostumbran a ser listas y muy trabajadoras. Por norma, para ellas no es importante la descarga de adrenalina de corto alcance, sino las relaciones duraderas. Se dice: lo que empiezas, también lo has de retener y continuar.

El cabello negro

Previamente sería interesante saber si la atracción que las mujeres rubias ejercen sobre muchos hombres también es percibida por las mujeres ante hombres con el pelo oscuro. ¿Se trata sólo de una moda, el espíritu de la época, o es una casualidad? Lo que es seguro es que el color de pelo negro es el más extendido en nuestro planeta. Sin embargo, sólo tiene el mismo efecto sobre todos los hombres a primera vista: bajo distintos matices desde el negro azulado, el negro violeta hasta el negro ala de cuervo, se reconocen aquí también importantes diferencias en la estructura y la condición del pelo. Los peluqueros, que cortan el pelo a clientes de distintas culturas, podrían decir algo sobre las distintas estructuras y condiciones del pelo. Así no se puede comparar el pelo negro de un

africano con el de un asiático. También el «pelo negro» europeo tiene una estructura completamente diferente. El tipo de personalidad correspondiente, es decir, lo que en Europa de manera subconsciente consideramos típico de una persona con el pelo negro, se orienta sobre todo más bien al tipo de europeo o norteamericano con pelo negro.

Pero cada uno debería decidir por sí mismo si estas atribuciones realmente le corresponden.

El color negro confiere naturalidad y autenticidad al que lo tiene, de manera que a las personas con este color de pelo se les hace más fácil percibir o comunicar pasión y temperamento. El cabello negro otorga a la persona cierta profundidad, así como una nota centrada en sí misma y, por consiguiente, consciente de su propio valor. El pelo negro hace que la mujer parezca más misteriosa, menos frágil y por ello que tenga un aspecto siempre natural. La pasión racial y ardiente de las mujeres latinoamericanas de pelo negro, que también llamamos «latinas», es admirada por muchas personas de ambos sexos. También se atribuye a las personas de pelo negro una religiosidad segura y una tendencia a la espiritualidad, o, si no, valen como filósofos, poetas y saben disfrutar de la vida.

ALBINISMO

La designación «albinismo» (del latín: *albus*, 'blanco') define un trastorno en la biosíntesis de la melanina. Las personas a las que les faltan los pigmentos responsables del color del pelo, la eumelanina y la feomelanina, tienen a causa de ello un pelo descolorido. Pero este rasgo no se limita sólo al pelo, sino que produce también una piel y un color de ojos sensiblemente más claros. Mientras que para los animales afectados por esta anomalía utilizamos el término «albino», deberíamos evitar el término para las personas y llamar a aquellas que están afectadas «personas con albinismo». Son una minoría, que en algunas partes del mundo, especialmente en África, donde se da una persona afectada por cada 10.000 habitantes, se sienten excluidas.

El cabello blanco

Básicamente, el color de pelo blanco o gris es igual para todos, así piensan muchos. Pero cuidado: ¡esto no es correcto! La lectura del rostro distingue numerosos tonos de gris, desde blanco opaco, pasando por el color ceniza hasta el color plateado y finalmente blanco. Éste a su vez se divide en varios grupos, como blanco alabastro, blanco nieve, blanco perla o blanco tiza. Finalmente, para el lector del rostro en el pelo blanco o gris la coloración, la calidad y el estado de la piel del rostro tienen una importancia que no se puede infravalorar. Una piel grisácea devaluaría claramente el significado de un pelo gris, mientras que una piel rosada, con pocas arrugas junto con un pelo blanco, se consideran como lo más deseable y como una señal de atractivo difícilmente superable. Esas personas no han «envejecido», sino que han madurado y por tanto han permanecido jóvenes.

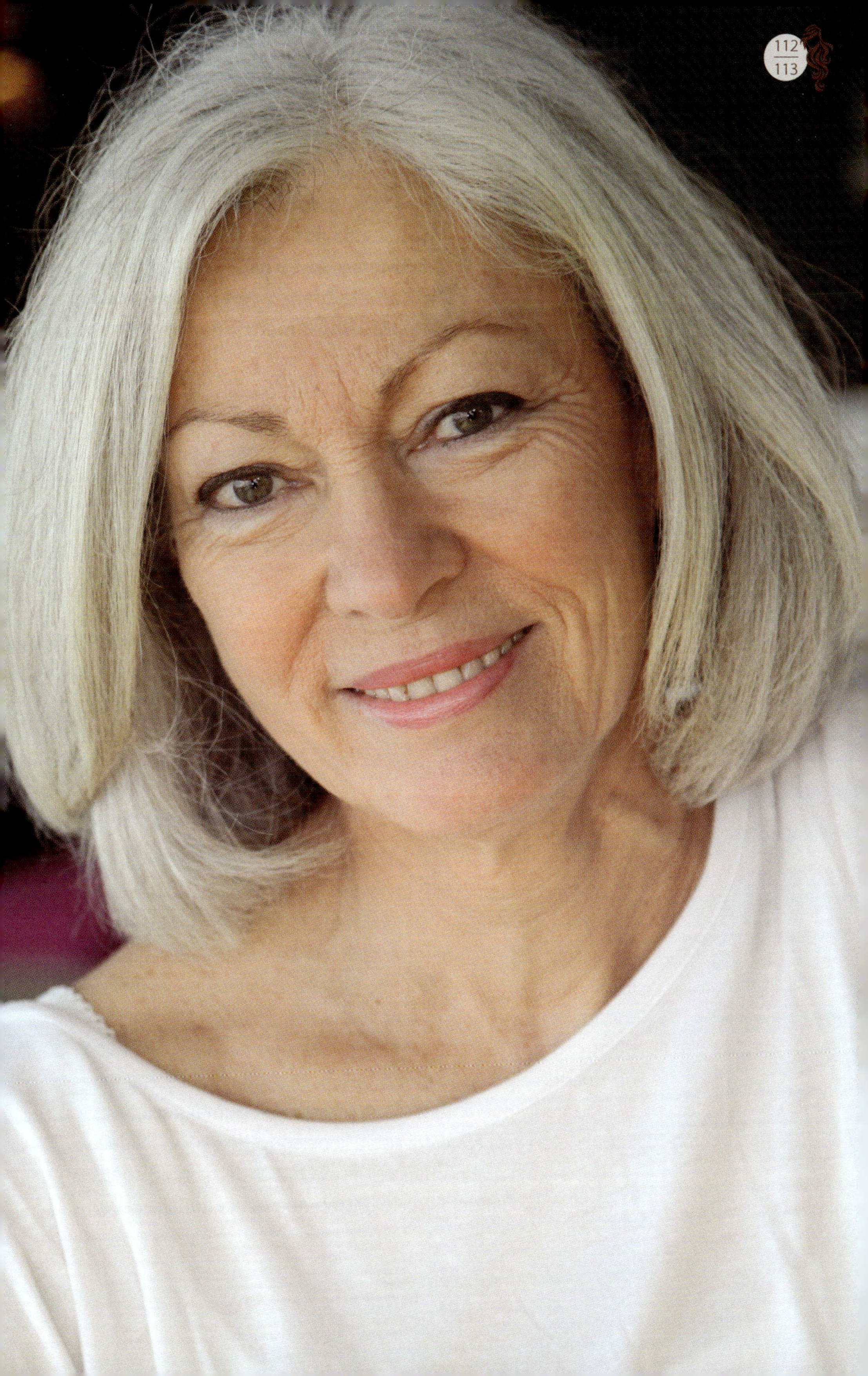

Sin embargo, este tipo es más bien raro, de manera que las señales que se relacionan a continuación se atribuyen de forma subconsciente al cabello blanco con piel grisácea del tipo antes mencionado:

Autoestima, dignidad, experiencia del mundo, se asocian fácilmente con el pelo blanco. Se piensa que en una persona con el pelo gris es inherente una enorme fuerza de conocimiento. Se le considera con los pies en la tierra y «espiritual», como alguien al que le corresponde escuchar, como una persona que no dirige por vanidad, sino por sentido de responsabilidad, es decir una persona en la que se puede confiar.

Los que cambian el color del pelo

Como ya dije al principio el color del pelo sólo puede insinuar una dirección y dar las primeras referencias. Pero su valor informativo no debería ser sobrevalorado. Lo mejor es considerar el color del pelo en el contexto general de la lectura del rostro, porque al fin y al cabo, junto con el pelo también la mímica y otros «puntos del rostro» desempeñan un papel. Sin embargo, cuando alguien se tiñe el pelo, y ocasionalmente está tan bien logrado que ante la duda hay que preguntar, recibimos información más concreta sobre la personalidad del individuo.

La persona que modifica su tipo a través del cambio continuo del color del pelo –da lo mismo que sea de toda la cabellera o sólo algunas mechas– se definirá como «de color cambiante». Junto con el deseo de un cambio de pelo, después de más cambios y colores, se asocia un estilo de vida similar: son ciudadanos que modifican su color de pelo a un ritmo casi mensual y quieren ver esas modificaciones también en sus vidas.

 Entonces se puede hacer la pregunta sobre la respectiva situación vital. ¿Quizá le falta a esa persona una transformación fundamental en su vida? ¿Quizás él o ella quisiera simplemente sentirse constantemente nuevo o nueva, o expresarse de manera creativa? No es raro que tras todo ello se encuentre un deseo profundo de otro punto central en su vida, un cambio de trabajo o la solución de los conflictos de pareja. Como demostración, quisiera aquí ponerte dos ejemplos.

CASO 1

Hans (43 años) ha tenido siempre un pelo fuerte de color castaño, y por ello se sentía muy atractivo. Cuando sus sienes se volvieron grises, esto le aportó algunos piropos más. Pero cuando todo el cabello progresivamente empezó a perder el color que había sido castaño, decidió hacerse teñir el pelo en su color castaño original. ¿Por qué? ¿Quizá porque es un hombre que se aferra a su juventud, y que le gustaría parecer más activo, más joven y, si es posible incluso, más sano de lo que realmente es? Podríamos incluso sacar la conclusión de que Hans tiene dificultades para aceptar los cambios naturales y el envejecimiento. Quizá es una persona que en general carece de autoestima o, en el extremo opuesto, que es muy altivo. En todo caso, lo tiene muy complicado con las transformaciones, por lo menos en lo que se refiere a lo externo.

CASO 2

Susi (38 años) ahora está sin pareja desde hace casi 4 años. Durante mucho tiempo llevó el pelo castaño, que causaba una gran admiración. Sus numerosos amigos le dedicaban con frecuencia piropos a causa de su cabellera. Ella se animó lo suficiente como para acentuar su pelo castaño con un matiz de su propio tono de color. Sus anteriores compañeros admiraban también la personalidad arraigada y siempre inteligente de Susi, que ellos vinculaban al color de su pelo. Y realmente nunca oyeron un «no» de su boca. Y de repente, prácticamente de la noche a la mañana, y como algo del todo inesperado incluso para sus mejores amigas, Susi, con casi cuarenta años, se tiñó el pelo de un rojo radiante. ¿Por qué? Quizá porque ya estaba harta de esconderse. Posiblemente, comprendió que su «estar tan en armonía» no puede aportarle una pareja duradera y feliz. Ser rebelde y decir «No» a menudo, esto habría podido proponérselo. Después de años de estar sola, quería soltarse, dejar de poner el freno a su temperamento. Antes que nada, ella ahora quiere una cosa: ser visible.

Vemos cómo el cabello teñido nos da una muy buena información sobre la personalidad. Pero en muchos casos el lector del rostro no podrá evitar preguntarse si el color es auténtico o es finalmente un color elegido según el deseo. Está claro que quien se tiñe el pelo no está realmente de acuerdo con su color de pelo natural. Él o ella son creativos y les gusta experimentar, para apartarse de determinados hechos, no aceptarlos y modificar activamente algo.

LOS COLORES DEL PELO EN EL MANGA

La palabra «manga» define en Japón, pero también en Corea del Sur y en China, unos cómics con personajes finamente trabajados. Los peinados parcialmente salvajes, pero en su mayor parte sofisticados, de los personajes son en Asia indicativos de moda y estilo. Es interesante observar en los mangas colores de pelo llamativos que son característicos de un determinado tipo de persona, y así reflejan la relación existente entre el color del pelo y el carácter.*

Negro: personajes llenos de misterio, que protagonizan sobre todo los papeles principales.

Castaño: a menudo son personajes poco valorados, pero con los pies en la tierra, que poseen mucha conciencia de sí mismos y paz, y que no están en primer plano.

Gris: personas mayores y frágiles, que no han preservado su juventud.

Rubio: personajes especiales. Los hombres rubios son a menudo verdaderos *sunnyboys*.* Las mujeres rubias desempeñan un papel desvalido, dulce y su feminidad sigue los clichés convencionales.

Blanco: personajes ancianos sabios y con experiencia, o personajes jóvenes con una madurez prematura atípica. Ocasionalmente, también villanos astutos.

Rojo: casi siempre son personajes femeninos coléricos, testarudos, pero también fuertes.

Anaranjado: amplificación del personaje pelirrojo, que se muestra todavía más como «cabeza caliente».

Rosa: figuras femeninas inocentes, infantiles e importunas, en las cuales sin embargo hay mucho poder latente.

Violeta: principalmente personajes de muchas caras y enigmáticos, que representan la magia, la mística y la espiritualidad.

Azul: tipos amantes de la libertad, seguros y conscientes de su propio valor, de gran calado espiritual. Ocasionalmente, personajes controvertidos y contradictorios.

Verde: personajes indomables que aparecen como de la nada y en breve tiempo dan la nota.

Calvos: personajes eminentes llenos de pureza, generosidad, fuerza interior y autoridad.

---

* Véase también: avanova.at/haarfarben-in-manga-und-anime, o www.otaku-welt.de/haarfarben.php, Stand: 6-8-2015.

** Sunnyboy, 'muchachito', con un sentido que puede ser cariñoso o despectivo, según el contexto. *(N. de la T.).*

LA ESTRUCTURA DEL CABELLO

Los lectores del rostro están interesados en la estructura del cabello por varias razones. Quienes diagnostican estudiando el rostro consiguen con la ayuda de su análisis obtener una importante información sobre la salud de las personas. Un fisonomista avezado puede, gracias a la condición del pelo, con una breve mirada establecer las tendencias de la personalidad de su interlocutor.

El cabello fino

Las personas con el cabello fino son, por una parte, seres muy sensibles y reaccionan con delicadeza ante el barullo, el lenguaje grosero o los modales bastos. Es fácil herir sus sentimientos. Se dan fácilmente por aludidos, incluso por las afirmaciones generales de sus congéneres, y a causa de ello tienen tendencia a sobrerreaccionar. Por otra parte, estas personas sensibles tienen un espíritu culto y creativo. En sus aspiraciones y proceder valoran menos la cantidad que la calidad.

El cabello grueso

El cabello grueso ya desde el exterior parece más robusto. A pesar de ello, no se debería sacar conclusiones erróneas de que las personas con el cabello más basto son menos sensibles. Debajo de un recubrimiento quizá basto, puede hallarse un núcleo tierno. En ellas su mundo afectivo tarda tal vez un poco más en sufrir daños por heridas emocionales. El cabello grueso se describe de manera metafórica como un casco protector. El que se siente protegido o amparado tiene una base más estable para llevar una vida o una carrera llena de éxitos. Relacionamos con estas personas mucho más a menudo conceptos como «más grueso», «más alto», o «más rápido» que con personas de cabello fino.

Las formas especiales

Las personas cuyo cabello no es ni fino ni grueso reúnen en sí las características de los dos tipos analizados arriba, pero en cada caso de manera moderada. A ellas les resulta más fácil adaptarse a diferentes situaciones, ya que son tan flexibles como su cabello.

La gente con el cabello mixto, que presenta estructuras completamente diferentes, que a veces puede ser muy fino, otras por el contrario grueso, son de humor muy variable. Por un lado, se inclinan por la sensibilidad, por otro, en una situación parecida pueden reaccionar bruscamente o sin mostrar emoción alguna. A menudo, el resultado es la inestabilidad de sus sentimientos.

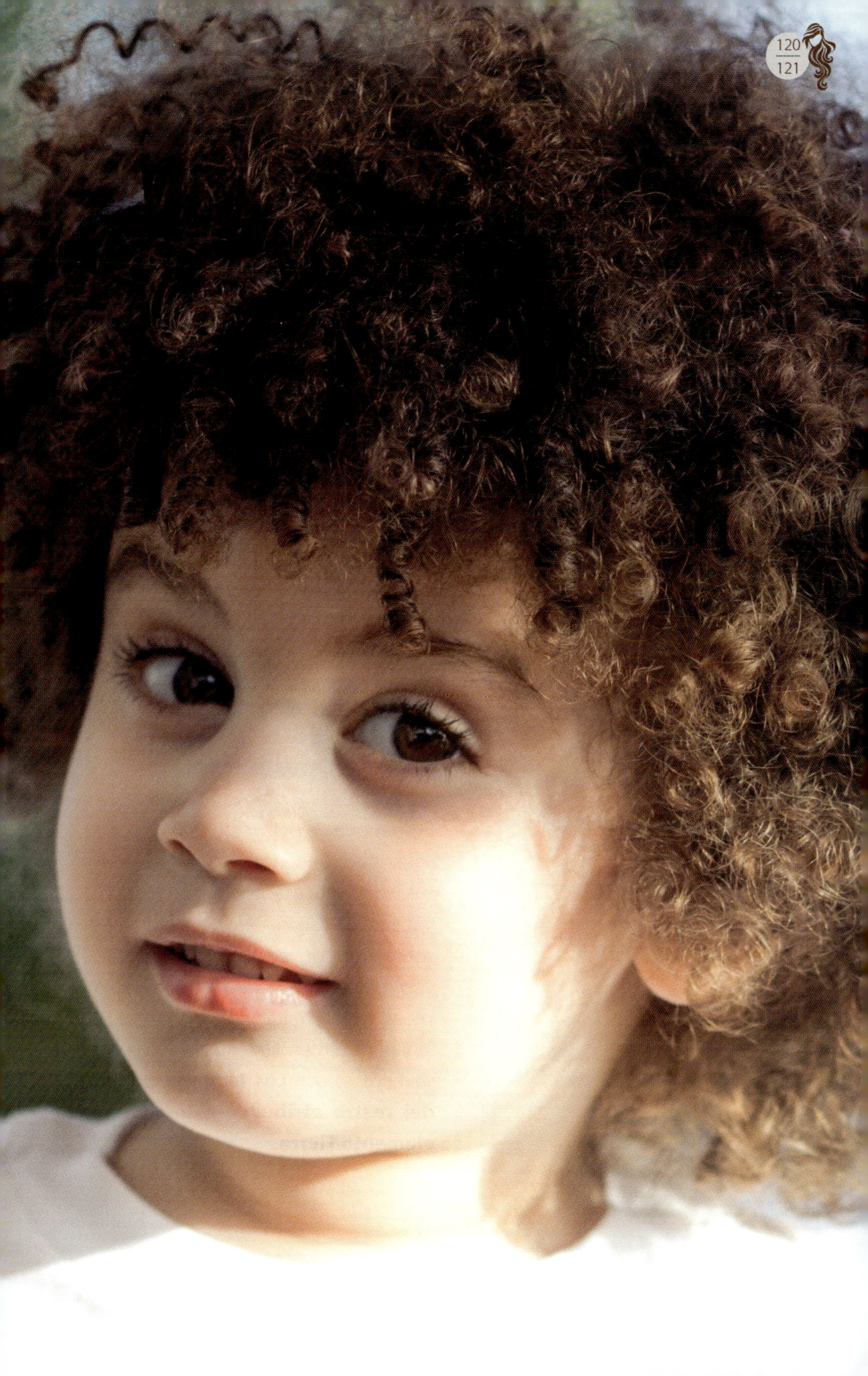

LA IMPLANTACIÓN DEL CABELLO

Cuando contemplamos la frente nos fijamos en primer lugar en posibles arrugas, y no prestamos atención a la zona de arranque del pelo. No obstante, éste tiene un valor informativo importante. En efecto, muchos fisonomistas son de la opinión que el arranque del pelo deba ser ignorado. Los maestros chinos de Siang-Mien piensan de otro modo, ya que según sea el arranque del pelo distinguen varias categorías de cabezas y las ordenan como portadoras de indicios de los elementos chinos (Fuego, Agua, Madera, Tierra o Metal).

Arranque de pelo largo y derecho

El arranque de pelo recto se da en personas que son sencillas y metódicas en sus vidas. Para ellas todo tiene su lugar y su función. Su manera de proceder es sobre todo convencional. Las personas con este arranque de pelo pueden a veces resultar faltas de imaginación y lentas de entendimiento, aunque no siempre es así. **Los lectores chinos del rostro atribuyen este tipo al elemento Tierra.**

Arranque de pelo corto y recto

Cuando el arranque de pelo en su crecimiento se estrecha en las sienes, se define como arranque de pelo corto y recto. Según el Siang-Mien, éste corresponde sobre todo a personas que son fáciles de provocar, son propensas a tener estrechez de miras y, posiblemente, albergan deseos y apetitos reprimidos. Son sobre todo seres miedosos y por ello susceptibles de oscuros sentimientos. **Se les atribuye el elemento Metal.**

Arranque de pelo en punta

Cuando alguien tiene el arranque del pelo en punta, los lectores chinos del rostro deducen que esa persona siente una gran necesidad de ascender en todas las esferas de la vida, tanto profesionales, como privadas y también espirituales. Para conseguirlo, la persona se separa de su origen, para poder estructurar su vida, o por lo menos algunas partes de ella. Entonces, esa persona desea poseer el mayor conocimiento, aunque puede también inclinarse por la intolerancia libre de compromisos. **Las personas con este tipo de arranque de pelo se clasifican en el elemento Fuego.**

«La corona de la cabeza»

Gráficamente la «corona de la cabeza» se puede comparar con ventaja con la techumbre de una catedral, que no es redonda sino más bien ovalada. Para estas personas es muy importante la autorrealización. Desean el éxito y el crecimiento, por lo cual, de la misma manera que las personas con el pelo en punta, se separan de sus raíces. Ellas también quieren estructurar sus vidas y su entorno, y también a ellas el Siang-Mien les atribuye inteligencia y sabiduría de vida, y cierta tendencia a la intolerancia. **Por esta razón, los que llevan «la corona de la cabeza» se atribuyen al elemento Fuego.**

Arranque de pelo redondeado

Si nos encontramos con personas con el arranque del pelo redondeado, nos podemos esperar de ellas cualquier cosa, ya que en China se consideran especialmente malhumoradas. Con ellas todo puede pasar –desde creatividad sobre una buena intuición, exhibición abierta de sentimientos hasta conductas basadas en la superstición–. Para saber hacia qué comportamientos tenderá la persona en cuestión, es necesario prestar mucha atención a otras señales del rostro. Especialmente la mímica tiene aquí un papel importante, porque nos muestra el mundo afectivo real de la persona en cuestión. Los ojos y la boca son los proveedores de información decisivos. **Para los maestros chinos, el Agua es el elemento apropiado para el arranque de pelo redondeado.**

«El pico de viuda»

En los llamados «picos de viuda» el arranque del pelo se muestra con una punta en medio de la frente, dirigida hacia abajo. Al contrario que en el caso del arranque de pelo en punta, que es recto y que muestra en el medio un pequeño triángulo, las puntas de viuda recuerdan la forma de una «M». Según los maestros chinos, este tipo de arranque es característico sobre todo

de las personas sensibles, que son más bien tímidas, pero que sin embargo desean un reconocimiento público. Aunque esto no se ajuste a su manera de ser, albergan el deseo de tener mayor responsabilidad. Pero éste debería permanecer controlable, porque estas personas en el fondo viven preferentemente para ellas, ya que disfrutan cuando pasan tiempo solas. Pero cuidado: cuando una persona con el «pico de viuda» es especialmente creativa, es propensa a ser indecisa.

La definición de «picos de viuda» podría hoy ser considerada mal elegida, sin embargo en la antigua China (hace varios cientos de años) los lectores del rostro no atribuían esta cualidad sólo a las mujeres que habían enviudado. **Los que tienen «los picos de viuda» están vinculados al elemento Madera.**

Líneas del pelo rectas y no rectas

Así como no habría que descuidar el arranque del pelo, tampoco habría que olvidar la línea del pelo, es decir, el crecimiento completo del pelo desde su arranque. En este aspecto, es conveniente observar si esa línea es recta o en algún punto torcida.

En el caso de que no sea recta, indica una persona rebelde, alguien que quisiera ser absolutamente distinto de lo que marca su entorno. Las opiniones, convicciones y acciones de las personas con una línea de pelo irregular están frecuentemente en oposición con el mundo que las rodea.

Por el contrario, quienes tienen una línea de pelo recta prefieren, si es posible, comportarse conformen las reglas sociales. Aceptan las reglas y las disposiciones que establece el entorno, y se atienen a las normas sociales.

LARGOS DEL CABELLO

El valor informativo del largo de pelo es limitado en cuanto a la interpretación del significado de la personalidad y del carácter. La primera pregunta que se plantea es en general cuántos largos distintos de cabello hay que puedan servir para considerar una valoración. ¿Estamos hablando de cabello extremadamente corto, corto, medio largo, largo o especialmente largo? Para el lector del rostro, las diferencias en el largo del cabello no desempeñan un papel tan importante. Entienden la consideración del largo de pelo como una especie de primera indicación, que prepara para la lectura subsiguiente, la verdadera «lectura del cabello» y los rasgos característicos de la personalidad relacionados con ella.

Naturalmente, se puede distinguir entre pelo corto y pelo largo que, si seguimos los estereotipos, clasificaremos como creación masculina (pelo corto) y creación femenina (pelo largo) y, de esta manera, atribuiremos determinadas cualidades. Sin embargo, no es tan sencillo identificar una persona. Consideremos el largo de pelo en relación no con un sexo, sino superponiendo los sexos.

El pelo corto

En primer lugar, el pelo corto es sencillamente práctico, lo cual puede ya revelar mucho sobre la persona que lo lleva así. Para los hombres esto es con seguridad un factor esencial para la elección de este peinado, una parte considerable de ellos lo considera sencillo, práctico y efectivo. El cabello corto requiere muchos menos cuidados y necesita menos dedicación que el cabello largo. El creativo no deberá sacrificar demasiado tiempo. Así el cabello corto atrae a aquellos estereotipos entre los cuales quisiéramos clasificar al hombre. En este sentido, su valor informativo estaría pues limitado, ya que pensaríamos demasiado de acuerdo con los clichés habituales del género.

En el caso de las mujeres la interpretación es algo distinta. En algunas culturas, los cortes de pelo cortos se consideran poco femeninos, sin embargo, hay que decir que muchas portadoras femeninas de pelo corto disponen de una medida considerable de autoconciencia. Las personas prácticas se decantan frecuentemente por este tipo de corte de pelo, por ello, no sorprende que muchas mujeres se corten el pelo después del nacimiento de sus hijos. Dedican su atención a la nueva vida, y su fuerza y concentración se centran en la protección y el crecimiento de la criatura, lo cual deja poco tiempo para ellas y su propia creatividad. Tienen otro centro de gravedad, de manera que el estilo del pelo, a menudo incluso el secado, requeriría simplemente demasiado sacrificio de tiempo y sería incómodo. Las mujeres con peinados cortos y prácticos por la mañana no quieren perder ni un minuto. A menudo, detrás de ello hay el convencimiento o la sensación de tener siempre prisa y estar bajo la presión del tiempo. Posiblemente corren de aquí para allá entre las distintas tareas que la vida les tiene preparadas, ya sea como madres, esposas y/o profesionales. Sin embargo, no deberían olvidarse de sí mismas, porque de lo contrario rápidamente llegarán al agotamiento y al desencanto.

Cuando las mujeres, que han llevado el pelo largo durante mucho tiempo, de repente deciden cortárselo y las causas no se hallan ni en la maternidad ni en la presión profesional, en muchos casos, el desencadenante es el deseo profundo y decisivo de que se produzca un cambio. Quien se deja cortar su larga melena muy muy corta tiene tras de sí un corte serio en su vida. Naturalmente, también puede tratarse sólo de una manía temporal, pero la mayor parte de las veces hay un descontento general, que frecuentemente afecta al propio estado de sus sentimientos o de su vida amorosa. Entonces, el hecho de cortarse el pelo corto tiene un significado altamente simbólico. La persona quiere romper con los modelos y las exigencias que ha seguido hasta el momento.

El «corte de viejas trenzas» (revolucionar las costumbres) equivale a cerrar un período de la vida. Esto puede estar relacionado con una nueva percepción de la propia sexualidad o con una relación desafortunada: «Yo puedo valerme por mí misma y soy suficientemente consciente de mi propio valor. ¡Ya no voy a hacer el papel de la niñita!». Esto puede aplicarse sólo cuando la mujer no ha desempeñado ningún papel importante y de primer orden, sino que ha prevalecido un sentimiento de debilidad y de falta de confianza en sí misma. Las mujeres que siempre han contado con una saludable conciencia individual, y ahora de repente se cambian al cabello corto, son propensas a perseguir sus metas reales materiales y quizá también revolucionarias. En este caso, quieren rivalizar con el hombre y ponen su igualdad visiblemente en evidencia.

El cabello medio largo

Un peinado con el cabello de un largo medio es la variante práctica que deja abiertas todas las posibilidades. Esto no da pie a ninguna declaración verdaderamente profunda. En la lectura del rostro, por lo tanto, no se le atribuye ningún significado importante, y se buscan más bien otras señales.

El cabello largo

En muchas historias, sagas y mitos se representan a las más influyentes y bravas seductoras como «mujeres de poder» de pelo largo. Las hechiceras lucen abundantes rizos largos, las sirenas, las doncellas del mar y las amazonas nos presentan su cabello ondeante. Estas representaciones sobre todo nos quieren comunicar: cuanto más largo y suelto esté el cabello de una mujer, tanto más fuerte, llamativa y posiblemente «peligrosa» será su sexualidad. Lo cierto es que nuestro entendimiento nos dice que los rizos ondeantes como emblema de virginidad, sexualidad y fecundidad hoy día deberían sólo tener un papel subordinado, pero ¿es esto compatible también con nuestro subconsciente? Una cabellera impresionante, una plenitud excesiva, siguen siendo el símbolo de la feminidad, naturalidad y emotividad. El largo permite una rápida variación de peinado y, de esta manera, está todavía más cargado de simbolismo y de valor informativo. Así, el peinado puede no sólo mantener una actitud fundamental, sino también un estado de ánimo agudo (*véase* el capítulo «El peinado y las emociones», pág. 181). En general, el cabello largo transmite una mezcla de impetuosidad, relajación, creatividad, ligereza y conexión con la naturaleza.

El cabello que no sólo se lleva largo sino que, además, con dispendio de tiempo se modifica en detalle continuamente necesita grandes cuidados –y precisamente esto es lo que podría recibir la mujer portadora–. Ella se define a sí misma por encima de las apariencias, se complace en la atención que recibe y necesita más cumplidos que las demás personas. Es cuidadosa sobre todo con el orden. Para ella todo tiene su lugar en la vida, y cada mechón se encuentra en el sitio correcto.

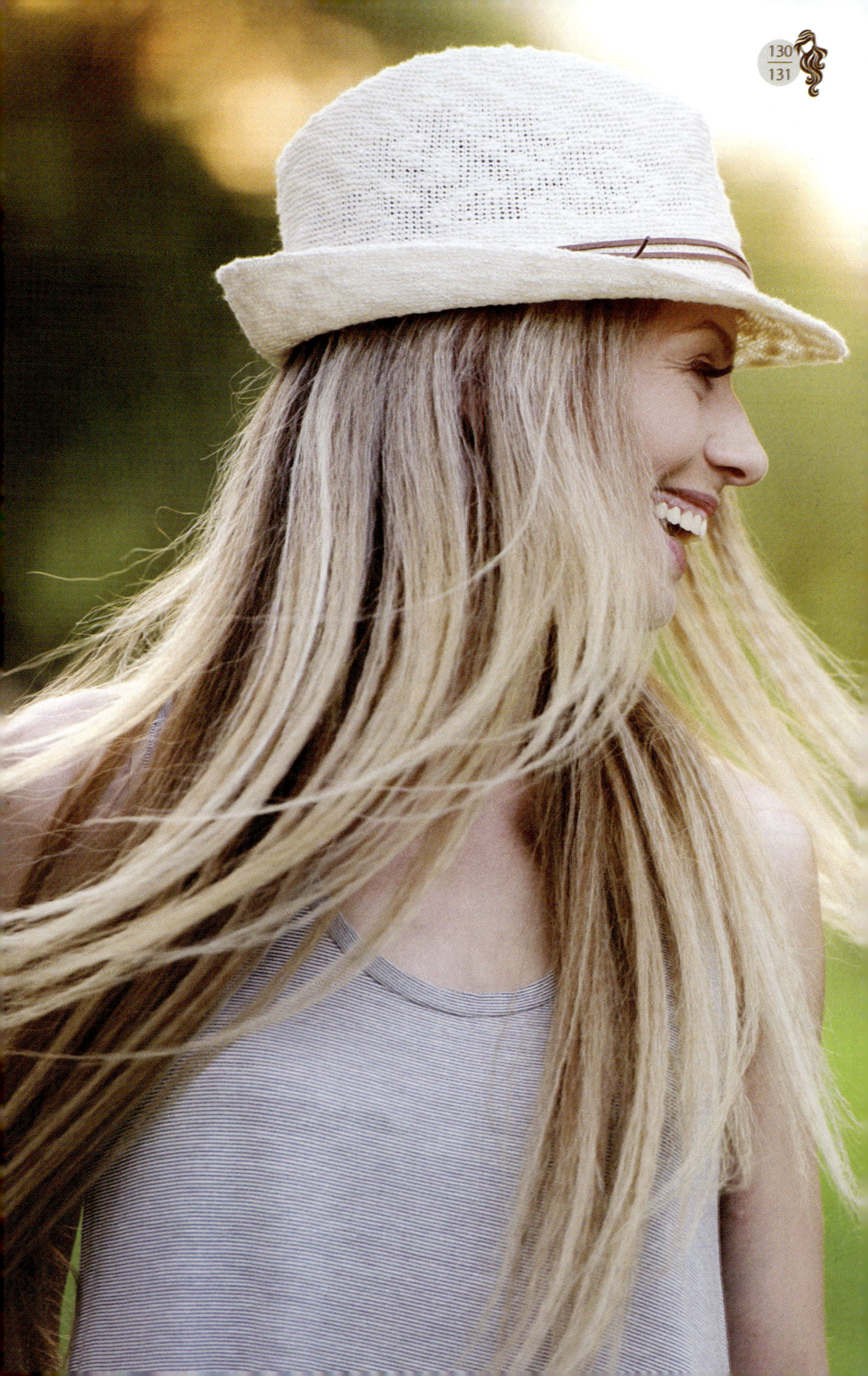

Los hombres con el cabello largo no son una rareza entre los pueblos primitivos, sino la regla. A lo largo de los siglos, el cabello largo perdió aceptación entre nosotros y ha sido cada vez más causa de crítica social –y esto no sólo durante el movimiento hippy de los años 1960 y 1970–. A los hombres con el pelo largo les pasó lo mismo que a las mujeres con el pelo corto: cuando decidieron dejarse crecer el pelo en contra de las normas sociales, se convirtieron en blanco de sorna, rechazo o incluso exclusión. Esto podría depender, entre otras cosas, de las características que achacamos a los hombres con el pelo largo. En efecto, lo salvaje, la unión con la naturaleza, la fuerza

primaria, el anhelo de libertad y el individualismo no son tan bien aceptados en unos tiempos en que la sociedad lo es todo, y el individuo se ha de someter. Desde hace algunos años, sin embargo, se verifica una reconsideración de los antiguos valores, lo que también permite que el hombre al que le gusta llevar el pelo largo lo pueda hacer sin mortificaciones. Por el momento todavía puede identificar al idealista, que a través de su cabello puede manifestar su creatividad, sus emociones y el estado de ánimo, sin embargo, más adelante, cuando el pelo largo se haya convertido en una manifestación de moda en el hombre, estas afirmaciones habrán de verificarse en cada caso particular en cuanto a su veracidad. Porque no hemos de olvidar: la personalidad no la hace sólo un peinado, sino también la moda, el espíritu de la época.

LA RAYA

Con el concepto «raya» designamos la línea de separación en la zona de la cabeza que va desde la vértebra cervical hasta la frente. Separa el pelo de la cabeza en dos mitades, el lado derecho y el izquierdo, de manera que sólo la raya central integra dos partes iguales. El concepto «raya», que se refiere a la parte superior de la cabeza, ha sido utilizado desde siempre, para simbolizar a las personas en su estabilidad de carácter. Un ejemplo de ello es la expresión por todos conocida «de la cabeza a los pies»,* que pone en evidencia el hecho de que deberíamos considerar a las personas como un todo, es decir, desde el punto más alto hasta el más bajo del cuerpo.

Con la configuración de nuestro peinado elaboramos la línea divisoria sobre todo bajo conceptos artísticos y nos orientamos menos por el recorrido anatómico de nuestra raya. Así nuestra acción, a través de «hacer la raya» de manera consciente, y la consiguiente división del pelo, se ocupa del aspecto de nuestro peinado que sea cómodo para nosotros. El trazar la línea, por consiguiente, no depende de ninguna exigencia estricta, sino que puede seguir libremente la propia creatividad. Junto con los modos clásicos, por ejemplo la raya lateral o central, existen también variantes creativas más modernas, como la raya en cruz o en zigzag.

---

* En alemán: «desde la raya del pelo hasta la planta del pie». *(N. de la T.)*

La raya lateral

La raya lateral es un clásico, apreciada sobre todo entre los varones. A lo largo de la historia, se estableció una y otra vez como una moda, dándole un puesto seguro a la raya lateral. También las mujeres han sabido apreciarla, sin embargo, el principio de la asimetría no uniforme no permite establecer unas «perfectas» proporciones del rostro de manera armoniosa. Así, la raya lateral posibilita que una cara ancha parezca extrañamente más delgada, y junto con el pelo largo representa la combinación ideal, para disimular pequeños defectos. Por ello, los maquilladores y los peluqueros la recomiendan en el caso de una nariz grande o de un mentón aplanado. Bien hecha, la raya puede incluso cubrir algunas arruguitas de la frente, alrededor de los ojos o en la mejilla. Por ello, lo más apropiado es esconder los «defectos» y poner en evidencia el lado bueno.

Una raya situada no exactamente en el medio, sino de manera lateral, puede variar de forma significativa la impresión que la persona causa en el observador. Con frecuencia, el rostro se rejuvenece de manera considerable, ya que se presenta más suave y menos marcado. Pero, cuidado: hay importantes diferencias, según el tipo de raya y el lado donde se hace, y a qué distancia se encuentra de la mitad de la cabeza. Situada de manera acertada rejuvenece visualmente al portador en cuanto a años, pero si se sitúa demasiado baja, puede incluso llegar a hacer parecer a la persona más mayor.

Por otra parte, ¿cómo puedo descubrir dónde funcionará mejor la raya lateral para mí? La respuesta es sencilla: probando. Para ello, lo primero que hay que hacer es establecer cuál es nuestro lado bueno que no debemos cubrir por medio de la raya lateral. Luego, alargaremos la raya ya sea con un ritmo semanal, moviéndola unos pocos milímetros a la izquierda o a la derecha, o la alargamos completamente a un lado. Por regla general, después de un mes sabremos qué raya lateral nos favorece más.

La raya lateral a la izquierda

Quien cubre su lado derecho con una raya lateral izquierda hace resaltar su lado femenino. Los lectores del rostro de todas las tradiciones distinguen entre la mitad derecha y la izquierda del rostro. La mitad izquierda de la cara representa la feminidad, la creatividad, lo ideal y lo sensible. Este lado es el lado de los soñadores, un lado muy privado, que verdaderamente no queremos desvelar a cualquiera.

Una persona que ponga en evidencia el lado izquierdo de la cara se enfrenta a sus congéneres de manera más abierta y tolerante. Actúa de buen grado frente a sus contactos, siempre está interesada en las novedades, siempre deseosa de conocimiento o por lo menos curiosa. El deseo de sinceridad está muy enraizado en esta persona, y finalmente esta persona, a la que se le concede rápidamente la confianza, lo hará todo bien. Sueña con grandes metas, pero con frecuencia le falla la necesaria fuerza de voluntad y la capacidad de resistencia indispensables para que se hagan realidad. Esta per-

sona debería dejarse llevar menos por su entusiasmo y pasión interiores y, en su lugar, escuchar más su propia inteligencia, su juicio y su experiencia de vida.

La raya lateral a la derecha

Quien cubre su lado izquierdo por medio de una raya lateral, está haciendo hincapié en su lado masculino. El lado derecho representa lo masculino, lo material, lo práctico y también lo rudo. En la lectura del rostro es asimismo el lado del guerrero, el lado público que deseamos exteriorizar.

La persona que destaca la mitad derecha de su cara está con los pies en el suelo –¡nada de niñerías ni extravagancias!–. Lo que cuenta para ella son los hechos. Su mirada es para aquello que es factible, y no para los sueños. Esto frecuentemente la convierte en un contemporáneo práctico, que despacha muchas cosas, pero a quien le falta la capacidad creativa en la vida, quizás incluso la pasión. Por esta razón, su voluntad está fuertemente marcada, incluso cuando sería bueno que hiciera una pausa para tomar aliento. No debería valorarlo todo intelectualmente, sino que debería tener confianza en el propio instinto e intuición. Sin embargo, el instinto se ha de cultivar.

La raya central

La raya central de momento es nuevamente popular. Sus últimos ramalazos fueron en la época de la «*flower power*» de finales de los años sesenta y principios de los setenta del siglo pasado y quedó luego casi «desaparecida» durante algunas decenas de años. Desde hace algún tiempo, sin embargo, ha sido reintroducida por algunas personas como marca de estilo. Las rayas laterales están olvidadas, y ahora las señoras se ven elegantes con la raya central. Quien tiene la forma del rostro apropiada se aprovecha de su línea limpia.

Las personas con la línea central tienden al equilibrio, cuando a nuestro alrededor todo parece estar desequilibrado o desorganizado, es importante encontrar el equilibrio, mantenerlo y transmitirlo a los demás –y la raya central muestra precisamente esta exigencia–. Quien la lleva quiere tener las cosas bajo control. A menudo, la persona está imbuida de los ideales más elevados y se ha propuesto la perfección. La raya central clásica, por ello, es también para las personas indecisas. De manera subconsciente busca el equilibrio, pero permite todas las libertades en su desarrollo: el que la lleva no se ha de decidir por nada, si prefiere ir hacia el lado derecho y público o hacia el izquierdo en dirección a lo privado. Mantiene el equilibrio entre una imparcialidad orientada hacia el sentido común y una emotividad marcada por el sentimiento.

No se ha de tomar ninguna decisión de manera precipitada. En el rostro apropiado, la raya central convence por su naturalidad y serenidad. Concede a quien la lleva libertades ilimitadas. Sin embargo, no a todos les sienta bien la raya en medio. La persona que la lleva se ve mayor de lo que realmente es. La raya en medio enmarca el rostro de manera contundente, pero también pone en evidencia toda la superficie de la cara. Por esa razón es más apropiada para las caras delgadas. En la lectura china del rostro, por ejemplo, a este tipo de cara se le llama «cara de fuego», que no tiene pómulos, músculos faciales o carrillos marcados, y tiene la barbilla rematada en punta y poco marcada. Según el Siang-Mien, estas personas son muy despiertas, comunicativas y flexibles, aman a la gente pero también les gusta que ésta les ame. Las «caras

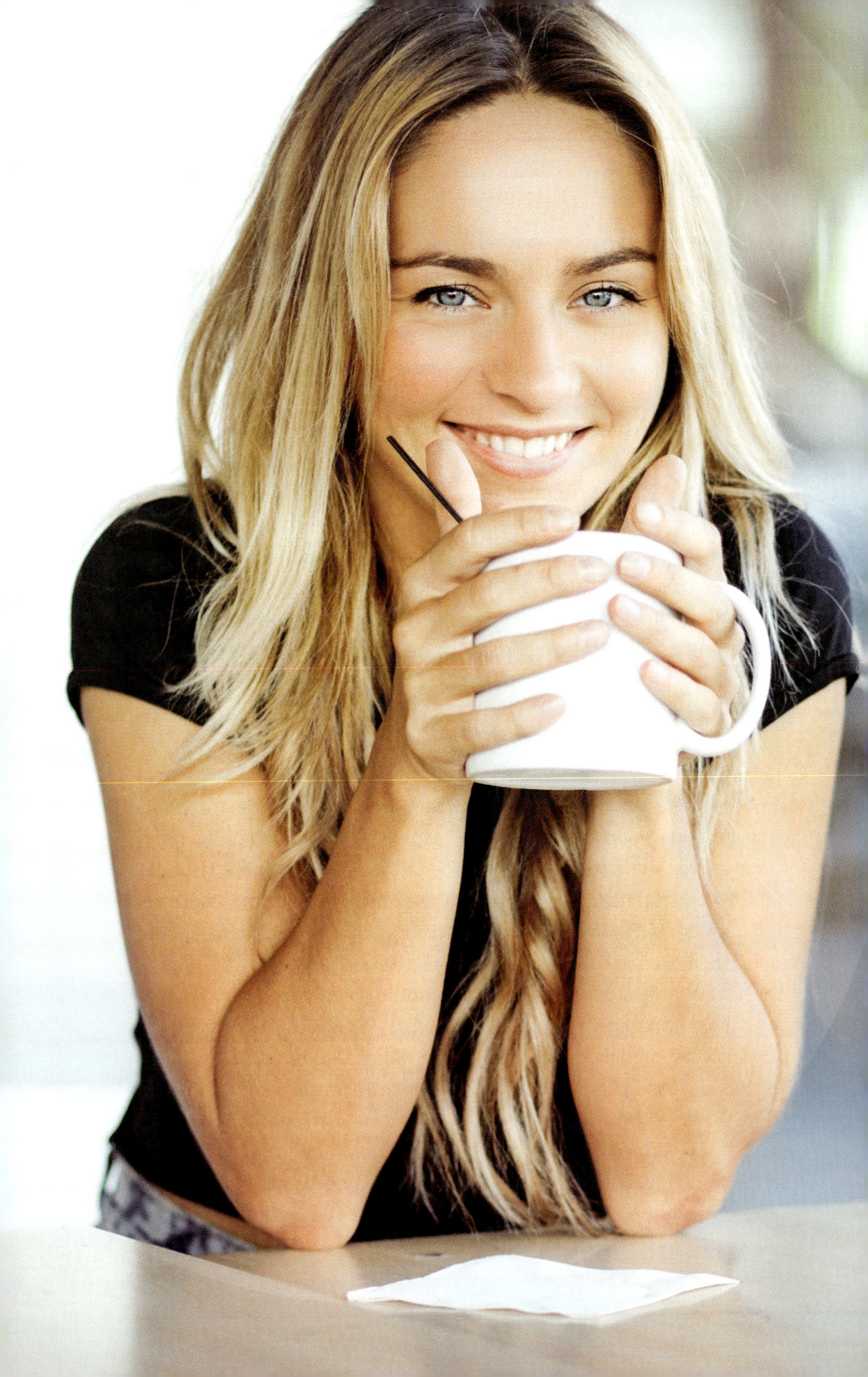

de fuego» hacen algo para ser notadas, y están siempre presentes con verdadero afán. La raya en el medio proporcionaría visiblemente el necesario equilibrio a estas personas frecuentemente temperamentales, cosa que con toda seguridad tendría también un efecto sensible en la vida interior de la persona.

Por el contrario, un rostro muy redondo no es apropiado para llevar la raya en medio. Serviría sólo para exagerar su forma redonda. En la lectura china del rostro, la cara redonda se denomina también «cara de luna». Es propia de las personas que son campechanas y alegres, les gustan los eventos sociales, se toman tiempo para ellas mismas, y creen que es muy importante echar los cimientos temprano en la vida como el punto de subsistencia, un matrimonio estable o una profesión segura. Una base terrena de este tipo no necesita ningún otro equilibrio a través de la raya en medio. En este caso, funcionaría casi como un «cemento» y al rostro que llevara esa raya en medio le conferiría un carácter inflexible.

En cuanto a las arrugas de la frente, la raya en medio es muy comunicativa y no cubre ninguna de las líneas que son tan reveladoras para el lector del rostro. La frente está unida por el nervio facial (*nervus facialis*) con el cerebro. La línea central permitiría al lector del rostro el acceso al mundo del pensamiento del portador –en el supuesto de que no se interponga un flequillo.

Verdaderamente floja se ve la raya en el medio cuando el cabello es ondulado o rizado. Hace resaltar todavía más las características vitales de la persona: los temperamentos enamorados de la libertad son «espíritus» inquietos, los cuales, cuando su energía es dirigida por caminos productivos, están en condiciones de conseguir grandes cosas.

La raya en medio no es aconsejable en el caso de cabello fino y delgado, porque ésta le da a la persona un aspecto simplón. Por otra parte, quien se tiñe el pelo debería saber que el que sigue creciendo con su color natural se ve mucho más deprisa en la raya central que en la lateral.

La raya en zigzag

Para la raya llamada en zigzag se necesita en primer lugar tener habilidad con los dedos, paciencia y creatividad, unas facultades que el portador de la raya puede emplear para él mismo.

Durante varios años esta raya estuvo de moda también en nuestras latitudes. Hoy en día se sigue viendo pero raramente, y esto puede deberse no sólo a razones de moda o estilísticas, sino más bien porque aquellos mismos que la consideran atractiva o interesante temen el derroche de tiempo. Quizá deberían volver a planteárselo, ya que el efecto zigzag aporta mucho movimiento y, por consiguiente, vida en la raya y en el pelo. Esto proporciona a la persona en cuestión una intervención movida y permite rápidamente tener un aspecto más juvenil y juguetón. El movimiento sobre la cabeza quita las aristas y la dureza de los rasgos faciales y permite que el rostro tenga un aspecto en general más suave.

Por última vez la raya en zigzag fue popular en los años ochenta del siglo pasado. En aquel entonces, muchas otras características faciales se hicieron duras y adustas (*véase* «Las cejas», en pág. 187), de manera que a la cara le faltaba ternura, que la raya en zigzag pudo dar enseguida. Hoy en día esta raya se presenta en peinados *deshechos*, donde confiere un aspecto relajado y esponjado. La persona con esta raya no lleva muy en serio la planificación, el orden y la realización de sus proyectos. No se ha de considerar cada detalle, es plenamente suficiente seguir un camino aproximado.

El uso del secador

También el uso del secador para arreglar el pelo debería estar en el punto de mira. De hecho no es muy aconsejable, pero los lectores del rostro observan que nosotros tenemos delante una persona de carácter introvertido o extrovertido, según si el pelo de la persona después del secado esté girado hacia adentro o hacia afuera.

LOS PEINADOS

La procedencia original del concepto «peinado»* se deriva del verbo francés *friser*, que significa 'rizar', pero también 'poner en orden el cabello'. La designación profesional *friseur* se utilizó en Francia sólo raramente, y hoy en día casi ya no se usa. Las palabras «*Coiffeur*» o «*Coiffeurin*», usadas en Alemania, están en línea con la raíz francesa. Antiguas expresiones alemanas para designar la profesión eran *Frisierer*, *Haarschneider* ('peluquero'), *Haarkräusler* ('rizador de pelo'), o *Barbier* ('barbero'). El término *Friseur* ('peluquero') entró en el uso de la lengua alemana hacia finales del siglo XVII con su significado familiar. Como consecuencia de la emancipación femenina, se estableció la denominación *Friseurin* ('peluquera') en contra de la definición *Friseuse*, que tenía unas connotaciones peyorativas. Debido al aumento creciente de anglicismos en la lengua alemana, en el futuro se ocupará de nuestros peinados el *Haarstylist*, el 'estilista del pelo'.

Los peluqueros son buenos consejeros, cuando no se orientan únicamente por la moda del momento y las últimas tendencias, sino que tienen en cuenta la individualidad del cliente para aconsejarle. La persona necesita un peinado que ponga en evidencia su personalidad y, de esta manera, le aporte equilibrio. Para que el peinado corresponda a su tipo, no debería depender de la moda sino más bien establecerse de acuerdo con su rostro, porque es en él donde se exterioriza la personalidad, el ser del cliente. Una orientación sencilla la dan las distintas formas del rostro. En verdad, la lectura europea del rostro reconoce varios tipos naturales, descritos en el pasado por el lector del rostro y «conocedor de los hombres» Carl Huter (1861-1912) en sus obras, reducidos a tres temperamentos iniciales, de los

---

* *Frisur* en alemán. *(N. de la T.)*

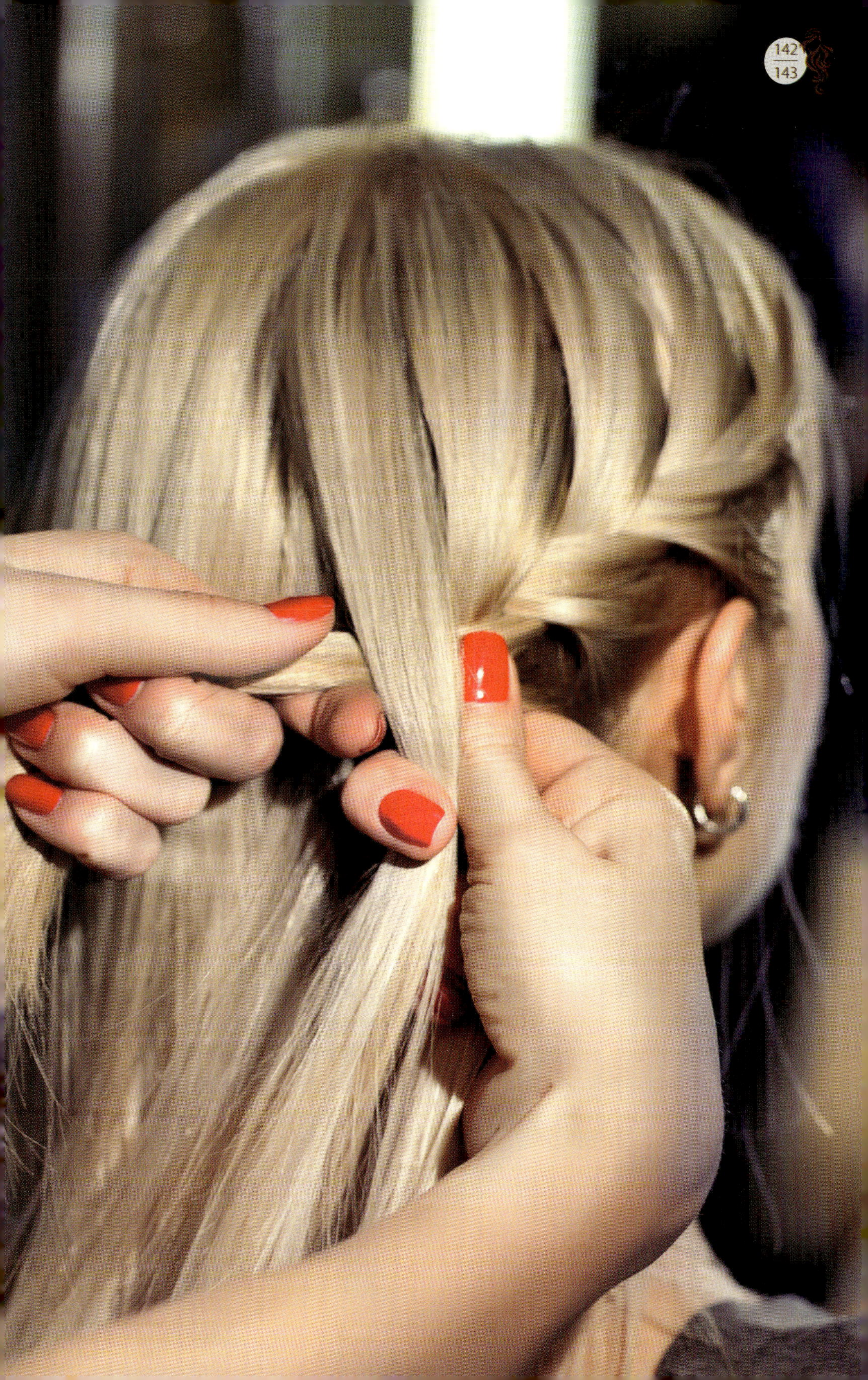

cuales se derivan todos los demás. Sin embargo, y en contra de esta teoría, la antigua técnica china de Siang-Mien definió veinte formas distintas de cara, que intervienen en la «lectura» de un rostro humano –y tienen repercusión en el tipo de peinado correspondiente.

Por ejemplo, un rostro de forma acorazonada es delgado, en ese rostro los maxilares no están marcados. Tiene una línea de la barbilla blanda, redondeada y se añade a esto lateralmente debajo de los ojos unas elevaciones (pómulos) producidas por el hueso. Los lectores chinos del rostro lo han llamado «rostro de jade», a causa de su belleza. Este rostro guarda afinidad con el «rostro de fuego», sin embargo, a este último le falta una parte algo más ancha debajo de los ojos.

Puesto que las personas están centradas en su aspiración subconsciente a alcanzar el equilibrio, en nuestro avanzar, conseguimos resultados apreciables cuando estamos en una disposición equilibrada. Para el peinado de un rostro de jade o de un rostro de fuego esto se da a modo de ejemplo, ya que las partes delgadas de los maxilares pueden resultar algo más anchas. En ese caso serían apropiados peinados a la romana, que por su largo terminan debajo de la barbilla.

Las caras cuadradas, que en la lectura china del rostro se conocen como «caras de hierro y de árbol», necesitan rellenar lateralmente por medio de un estilismo esponjado o, aún mejor, por medio de rizos. Como norma empírica podría valer: cuanto más angulosa o ancha sea la cara, tanto más largo deberá ser el pelo. Un rostro largo, crecido hacia arriba, que según la lectura china del rostro podría ser un «rostro de árbol» o un «rostro de montaña», soporta un flequillo largo y recto, que visualmente acorta la cara y regula la exagerada longitud del rostro. Por el contrario, las ondas formadas hacia dentro, los rizos, o los mechones en una cara angulosa, en el Siang-Mien se definen como «rostro real», cuando la persona tiene un aspecto dulce y delicado, y esto indica la apariencia de un justo equilibrio.

LAS PELUCAS

La palabra «peluca» procede de la lengua francesa, en la que el término *peruque* significa 'mechón de pelo'. Esta cubierta de la cabeza, principalmente artificial, imita el pelo crecido de manera natural y sirve a las personas como segundo peinado, ya sea por la pérdida del pelo a causa de una enfermedad que padezcan, o por el deseo de una transformación permanente cuando quieren cambiar fácilmente. Pero también puede ser el resultado de un pensamiento práctico: no tener que rehacer su peinado continuamente.

Ya los egipcios, los griegos, los romanos y otros pueblos de la Antigüedad conocían las pelucas, así que no son un invento reciente. En el siglo XVII en Europa fueron muy populares, cuando los nobles las llevaban a la corte. Hace más de 300 años el rey francés Luis XIII (1601-1643), que sufría de calvicie, introdujo la moda de las pelucas en su corte.

Rápidamente esta moda se extendió por su comodidad y como señal del más alto rango, lo cual se conseguía en el sentido de que las pelucas seguían creciendo en altura. Especialmente las mujeres se superaban en el arte de llevar peluca. No era algo raro que hubiera servidores cuyo único cometido era

cuidar de que el caro adorno de la cabeza se mantuviera verdaderamente sobre la misma. Espolvorear la peluca con harina o polvos servía para ocultar la piel de la cabeza y el pelo canoso, que al principio aún se podía ver a través de la misma.

Dicho sea de paso, según el país estaba generalmente prohibido a los estratos sociales inferiores empolvar las pelucas, o estaba gravado por un impuesto exorbitante. Más tarde, esto se aplicó también por llevar una peluca.

Los peinados femeninos

Los rizos

Cuando los rizos son dados por la naturaleza, lo que se dice rizos naturales, éstos no son sólo naturales, atrevidos y conscientes de sí, también revelan información sobre la personalidad de su propietario. Los peinados con rizos ponen casi siempre el acento en llamar la atención, tanto si los portadores lo quieren como si no. A la persona con rizos se atribuyen facilidad de palabra, flexibilidad y humor ilimitado. Sin embargo, tras la melena salvaje puede ocultarse un ser impulsivo con un temperamento fogoso, una persona que espiritualmente y por intuición se halla siempre activa. El tamaño y el tipo de peinado con rizos nos dan información de cuánto puede «tirar» una cabeza rizada: cuanto más rizado sea el pelo, tanto mayor es el impulso del movimiento. Las personas con rizos son con frecuencia los típicos individualistas, que tienen su propia cabeza y son inadaptados. Este individualismo hace que sean muy

auténticos, y que los profanos puedan interpretarlo como incomprensión o también como simpatía.

El cabello rizado supone en primer lugar diversión, creatividad y sinceridad. Sus portadores irradian una sensación de frivolidad, y ocasionalmente incluso de insensibilidad. Precisamente, este carácter lúdico es por lo que a la gente con el cabello rizado no siempre se la toma en serio. Este tipo de cabello hace parecer volubles a muchas personas. Quienes así llevan el pelo dan la impresión de ser abiertos y estar dispuestos a experimentar –y esto posiblemente también en el amor.

Pero cuidado: sólo porque las personas se han hecho rizos con una pinza rizadora, con bigudíes o con ondas permanentes, de momento, no tienen nada en común con una cabeza de rizos naturales. Quizá quieran actuar de manera franca y despreocupada como ellas, sin embargo a menudo tras esta pantalla se ocultan personas que son muy correctas y minuciosas, y que atribuyen mucha importancia a su apariencia, a la cual sacrifican su tiempo. Estas personas son prácticas en hacer equilibrismos: por un lado, persiguen la aventura, mientras, por el otro, necesitan un alto nivel de seguridad. Buscan la perfección, pero al mismo tiempo coquetean con la incoherencia. Pero ambas cosas son difíciles de unir, y si acaso se consigue es sólo con el necesario control, que no dejará nada a la casualidad. A la larga, la mayor parte de estas «falsas» cabezas rizadas se apartan nuevamente de esa meta, porque para ellas es demasiado estresante. Y dicho sea de paso, muchos adultos en su infancia tuvieron rizos, pero han perdido su cabellera rebelde en favor de un pelo liso o de una calvicie. En la misma medida estas personas con frecuencia han sacrificado también su aspecto salvaje y su despreocupación.

El pelo liso

Se utiliza la expresión de «planchado liso» con referencia a una persona que de manera consciente se amolda al entorno. Una persona así no llama la atención y rara vez es rebelde –y esto lo refleja su pelo liso–. En realidad, en los azares de la historia

se encuentran pocas personas con el pelo liso. El cabello liso da la impresión de que todo está en su sitio.

Las personas con el pelo liso hablan en serio y no quieren complicar las cosas innecesariamente. Para su vida desean rectitud y lealtad, y las ofrecen a su vez. Quisieran ver las cosas como son.

Las mujeres con el pelo liso, al contrario que los hombres con este tipo de pelo, frecuentemente tienen tendencia a experimentar, sobre todo en su juventud. A la postre, sin embargo, regresan nuevamente a su forma de cabello original, que se adapta más a ellas.

El peinado con flequillo

La mujer que lleva un flequillo no muestra sus cartas, sino que más bien querría esconderse tras algo –aunque sea sólo el pelo el que le ofrece esta protección–. Probablemente esto dependa de su timidez. En efecto, las mujeres con flequillo son manifiestamente sensibles y en ningún caso buscan ser el centro de atención. El que busquen ocultar su personalidad, sus pensamientos o incluso sus sentimientos profundos no es relevante para el lector del rostro, porque todos los ámbitos de la vida están relacionados entre sí. Antes bien, el lector del rostro comprobará si la falta de seguridad se refiere a algo completamente evidente. Una cicatriz, un lunar, una piel impura o una frente baja, por ejemplo, podrían ser asimismo una causa para este peinado. Una cosa está clara, sin embargo, que lo exterior y los pequeños secretos son importantes para estas personas –y esto forma también parte de su magia–. El flequillo es atractivo para muchos y atrae su atención sobre los ojos de la persona que lo lleva. El corte de pelo los hace destacar más aún.

A menudo se ha dicho que a las mujeres que llevan flequillo les gusta flirtear, y que con su gracia «simulada» les gusta coquetear. Independientemente de esto, tanto si llevan el pelo largo como corto, es cierto que a las mujeres que llevan flequillo les gusta jugar con la mística y la pasión. Si el fleco es franjeado, es decir que no cubre la frente totalmente, entonces hablamos de flecos sobre la frente, un subgrupo del flequillo. Para estos casos valen las mismas consideraciones, que sin embargo se han de completar con curiosidad y conexión con la naturaleza. Estas personas son muy sensibles y muy creativas. Con frecuencia tienen ideas geniales e intuiciones inspiradoras, que no obstante no quieren compartir por falta de confianza. «Esto lo puedo hacer mejor sola», podría ser su lema.

El peinado *bob* (la melena corta)

La melena corta es la solución perfecta para las mujeres a las que les cuesta tomar una decisión clara en cuestiones de moda. Este peinado no ha de ser ni demasiado corto (en este caso para muchas personas no demasiado masculino), ni demasiado largo (tampoco demasiado femenino). Este peinado no es ni demasiado loco ni demasiado conservador. La persona que está dispuesta a transigir y no quiere que se le imponga ninguna presión social está perfecta con este peinado. La sencilla melena corta embellece a la mujer que la luce, y es inherente a una actitud típicamente desapasionada de «nada de tonterías». Ha de ser sencillo pero chic. Cuanto menos complicado mejor. A pesar de tender hacia las novedades, no se ha de perder nunca el sentido de la realidad. Muchas mujeres, para las cuales es importante la independencia y la autoafirmación, tienden a adoptar este peinado, que les permite actuar con resolución. Este corte de pelo muestra el arraigo y el deseo de crearse una base. En efecto, aquí alguien podría irradiar la sensación de seguridad, pero en ningún caso aburrimiento.

La melena corta es un clásico que se seguirá viendo todavía por mucho tiempo. Es tan duradera como la mujer que la lleva –no depende de ninguna tendencia–. Las mujeres con melena corta hacen lo que quieren, y se mantienen en lo tradicional.

El corte a lo chico

El corte a lo chico es una variante de la melena corta, y surgió en la época posterior a la Primera Guerra Mundial en las grandes ciudades de la costa este americana y en París. La bailarina americana Irene Castle (1887-1918) fue en 1915 probablemente la primera mujer que se cortó el pelo a lo chico. Con este corte causó furor en los escenarios de los cabarets de Europa y de América. Otras mujeres jóvenes emancipadas se inspiraron en este corte de pelo del atractivo «muchacho» inocente, y le adjudicaron un matiz de feminidad y sensualidad. De esta manera más adelante, a partir de los primeros años veinte del siglo pasado, se popularizaron el peinado de pelo corto junto con las (para aquellos tiempos) inauditas faldas o pantalones cortos. También la creadora de moda Coco Chanel (1883-1971) fue una fan de este peinado y fomentó su notoriedad.

El corte de pelo a lo chico representa el rechazo de los viejos idearios. La mujer que lo luce está dispuesta a recorrer nuevos caminos, y no se conformará con lo tradicional. Va en busca de nuevas posibilidades –una mujer que toma en sus manos sus asuntos–. En ese caso, el corte de pelo la ayuda a alcanzar una mayor conciencia de sí misma. Al escoger este suave peinado corto ella quiere, además, demostrar que no se ha de perder de vista su lado creativo y sensual. Podría incluso ser emprendedora, pragmática, quizás rebelde, pero no sólo de manera racional, sino también con mucho corazón y sentimiento.

Los peinados de cola y de trenza

La mujer que lleva una trenza piensa: «Mantendré la mirada libre y estaré preparada para todo». También esto vale para las colas de caballo y los trenzados de todo tipo. Este tipo de peinado mantiene el campo de visión libre ante lo inmediato. La mujer que los lleva no quisiera distraerse, sino poderse concentrar más fácilmente sobre algo. De la cola no se puede escapar nada, ni un solo cabello, por lo que el control para este tipo de persona es inquietantemente importante.

Por último, muchas mujeres en posiciones de mando llevan una práctica trenza atada. Quieren estar preparadas para todo y poder reaccionar rápidamente. Pero, en cuanto deponen sus actividades, compromisos profesionales y la conducta de rol, no se abre sólo el pelo: la mujer que llevaba un peinado de trenza o cola se abre también en lo referente a su personalidad y a su ser. Se vuelve más creativa, delicada, sensible y emocional.

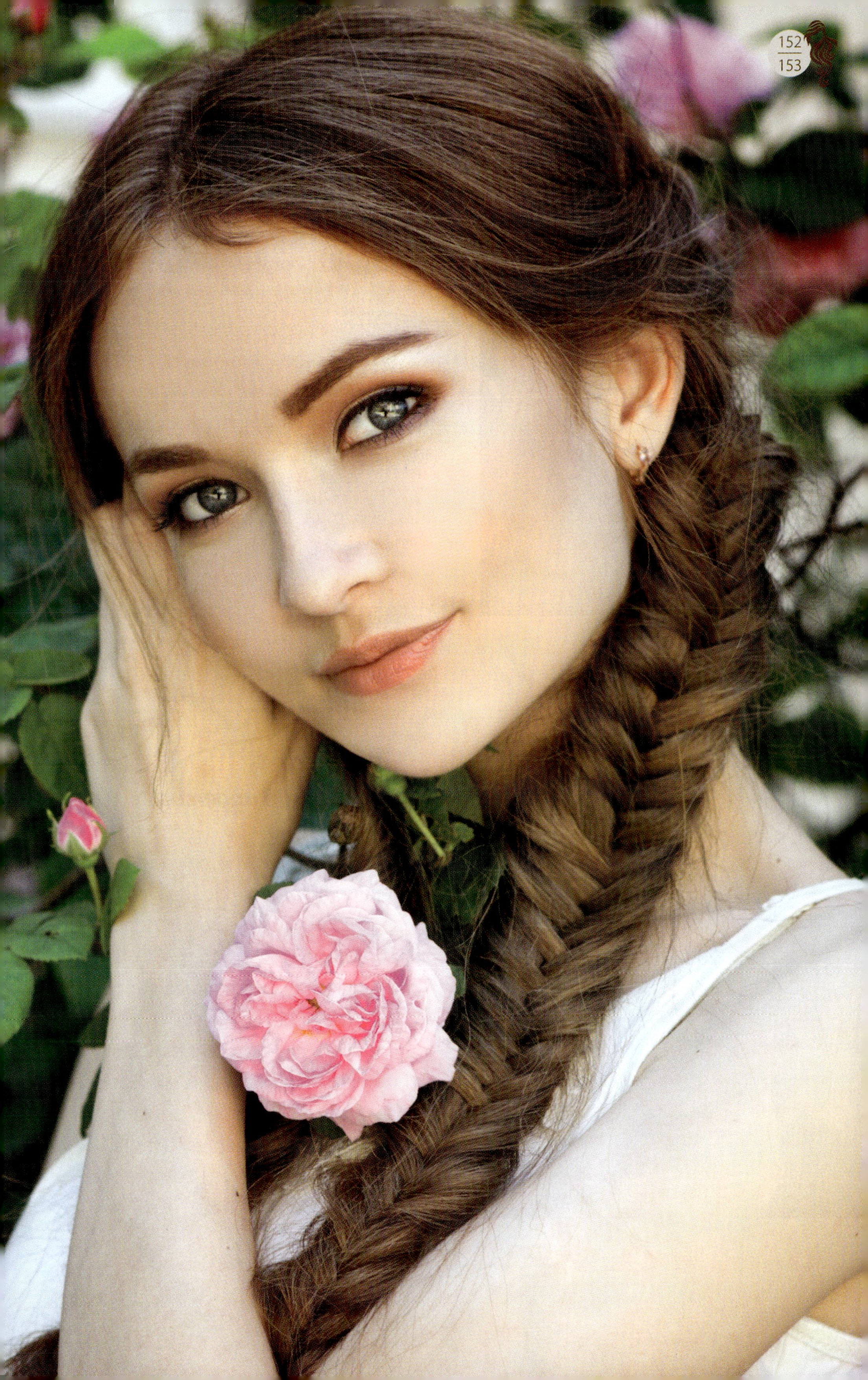

El peinado de puntas

El atrevido peinado corto con las puntas destacadas lo llevan sobre todo mujeres conscientes de sí mismas. Normalmente, son modernas, frescas, profesionales –y por ello el estilo no puede verse limitado–. A menudo, se trata de personalidades delicadas y a la vez fuertes, que en el ámbito del lenguaje angloamericano se definen como «*pixie*», que significa algo parecido a 'sexy', 'atractivo', 'majestuoso'.

Estas mujeres son en resumidas cuentas muy optimistas. El largo de pelo corto las hace atractivas, ya que muestra que están acostumbradas a enfrentarse a grandes riesgos y no siempre a actuar desde la seguridad. De esta manera, consiguen causar una sensación de sorpresa en sus congéneres.

El corte de pelo *undercut*

Al contrario de lo que sucede en el hombre, en el que este peinado está supeditado a la uniformidad, a la falta de creatividad y al deseo de pertenencia a un grupo (*véase* pág. 173), en la mujer significa exactamente lo contrario. Quien lleva el cabello superior largo y se afeita el pelo por debajo está abierta a transformaciones de todo tipo. Las mujeres que «se permiten» este peinado son valientes, activas y flexibles. La tolerancia y el cosmopolitismo les facilitan múltiples experiencias. La curiosidad y el deseo de una expresión individual y la propia fuerza creadora son típicos de las mujeres ricas en matices que llevan el corte *undercut*.

El corte *sleek*

Sleek significa 'delgado', 'liso' y 'elegante'. Este estilo casi minimalista encuentra hoy en día muchas mujeres adictas, ya que este corte purista está indicado para casi cualquier mujer. El corte llamativo y recto, una forma clara y una coloración más bien reducida hacen valer de la mejor manera los encantos de la mujer que lo luce.

El inconveniente es que si la mujer que lleva este corte no muestra ninguna mímica, a primera vista la impresión es de una persona arrogante. De hecho, la mujer quisiera encararse con su interlocutor. Trabajará con perseverancia, consciente de su propio valor, y con fuerza. Cuando el observador, sin embargo, está en una posición de debilidad, a menudo percibe esta conducta como arrogancia –aun cuando esto no es correcto.

Las mujeres que adoptan este peinado no quieren dejar nada al azar. Quieren tenerlo todo controlado, estar a la altura de la vida moderna en todas sus facetas. Tanto si se trata de un ama de casa, madre o profesional, como si es deportiva, elegante, sensible o coronada por el éxito, esta mujer tanto en su aspecto como también en el día a día no quisiera hacer concesiones.

Hay distintas variantes del corte *sleek*. Una raya lateral realza la madurez personal. Los elementos trenzados la hacen parecer menos purista que controlada en su creatividad. Quien lleva el corte *sleek* con una melena lisa atrás denota elegancia y conciencia de la moda, pero también señales de su modo de ser, que nosotros encontramos en la mujer que luce un peinado con flequillo, como por ejemplo timidez (*véase* pág. 148). También ella es humana, y quiere guardar algún secreto para sí.

El corte hasta la clavícula (*clavi cut*)

La palabra inglesa *clavicle* es de donde procede el nombre «*clavi cut*» de la industria del cine. *Clavicle* significa 'clavícula',

y precisamente ahí termina el largo del pelo de este peinado, que es apropiado para casi cualquier forma de rostro. Bien mirado, el *clavi cut* es el peinado *bob* alargado, que por otra parte le permite a la mujer optar por muchas más posibilidades de variaciones. Así el cabello es suficientemente largo para permitir en caso de necesidad peinarlo alto o sujetarlo en un moño. Y esto es precisamente lo que busca la mujer que adopta el *clavi-cut*: ¡variedad! No quiere ser incluida en el viejo esquema de los que llevan el pelo largo o corto. Es flexible, adaptable y no se siente comprometida. Estas mujeres se enfrentan a lo nuevo de manera abierta. No se sienten nunca desplazadas, es igual de qué causa se trate, y sorprenden frecuentemente por su presencia de espíritu.

El peinado *half-up*

Si fuéramos muy rigurosos, el peinado *half-up* debería llamarse «*half-up/half-down*», ya que se presenta con dos «caras»: una parte del cabello medio largo hasta largo, por ejemplo, se entreteje o trenza, o, como alternativa, también se puede peinar alto, mientras que la otra parte cae suelta. Este peinado a causa de su flexibilidad disfruta de un gran número de seguidoras.

Kate Middleton, la esposa del príncipe inglés William, después de su boda se ha convertido en un icono de este estilo siempre moderno.

El peinado *half-up* es ideal para mujeres individualistas que quieren estar preparadas para cualquier eventualidad y ocasión. Da suficiente juego –y esto no sólo por la posible doble cara de quien lo luce, sino por todas las facetas de su ser femenino.

A causa de las innumerables posibilidades de variación, para un lector del rostro, quien luce este peinado es una persona extremadamente difícil de clasificar. La comprobación de su mundo afectivo momentáneo, y por consiguiente de su estado de ánimo actual, depende de algo más sencillo, ya que puede acomodar su peinado de manera flexible según su capricho (*véase* el capítulo «El peinado y las emociones», pág. 181).

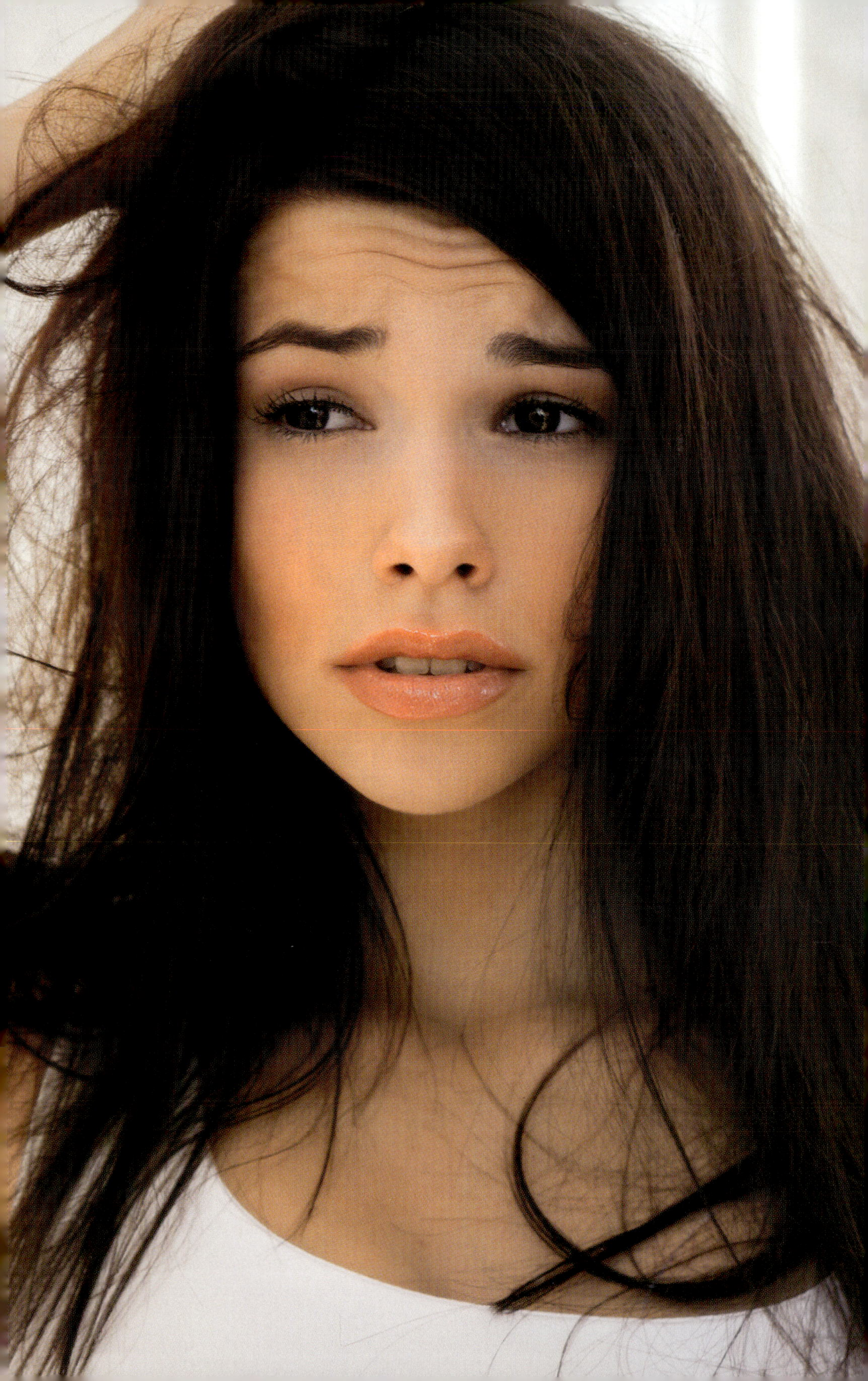

El peinado *undone* (deshecho)

Como recién levantada de la cama, como si acabaras de ponerte de pie, así se presenta el peinado *undone* o *messy*. *Undone* significa 'deshecho', no preparado para el siguiente paso, y esto es aplicable también a la mujer que lo lleva. Podría ser una persona a la que le gusta tomar decisiones, pero frecuentemente no hay una línea fina trazada. Se muestra impulsiva, tornadiza e indomable. No se acomoda fácilmente a las exigencias o a los rituales y a los plazos de los demás, fiel al lema: «No permito que me encasillen. Yo voy por el mundo como a mí me gusta».

Pero el peinado *undone* anuncia también un nuevo inicio despreocupado. Representa un ser no sujeto a normas y que mantiene una actitud muy abierta frente a lo inhabitual. Las mujeres que adoptan el peinado *undone* no se muestran indecisas. Son un poco despreocupadas y no se obsesionan con brillar –y ¿para qué, en todo caso?–. Se sienten bien como son. Este aparente autoenfoque, sin embargo, no resulta positivo para todos los contemporáneos, por lo que muchos deploran el pretendido gran egoísmo de las mujeres que lo practican.

El peinado *wavy* (ondulado)

El cabello de aspecto ondulado es atemporal. Representa tanto la tradición como lo moderno. Pocas mujeres llevan este peinado, lo cual nuevamente lo hace llamativo. Estas idealistas, por una parte, como son tan pragmáticas, no se muestran inhibidas a la hora de adoptar modas. Asumen fácilmente la responsabilidad y se preocupan de aquello que les ha sido confiado.

Por otra parte, no tienen ningún problema en dejar a un lado las cosas, cuando se hace necesario deshacerse de lo viejo. Su estilo de acuerdo con su peinado es elegante, alegre y despreocupado. También, cuando actúan como inspiradoras, les gusta dejarse mimar. Pero cuidado: las mujeres que llevan el pelo ondulado evitan conscientemente las dificultades, ya que no todos los obstáculos han de ser enfrentados, ni se ha de intervenir en todas las polémicas. Tras esto se encuentra el deseo de tranquilidad, de una vida sin continuos males de cabeza.

La melena

Desde la década de los ochenta hasta bien entrados los noventa, muchas mujeres exhibían una cabellera suelta y voluminosa. El pelo largo se peinaba con laca, espráis o geles para darle forma de melena. Este cabello aparentemente «duro» en todos los sentidos, en inglés recibió el nombre despreciativo de *feathered hairstyle*, es decir 'peinado de plumas'. Una representante prominente de este estilo fue la actriz norteamericana Farrah Fawcett (1947-2009). Pero también cantantes, como Andy Gibb (1958-1988) de los Bee Gees, o el actor y músico David Cassidy, llevaron durante años el cabello cardado, y no sólo sobre los escenarios.

Este tipo de peinado hace más grande la cabeza, y por consiguiente la cara, también procura una visibilidad manifiestamente mayor. Algunas personas consiguen una mayor fuerza de atracción, ya que el cabello erizado actúa como los rayos del sol. Las personas joviales con una vena creativa, que también tienen suficiente paciencia para llevar a cabo ese complicado peinado, disfrutan de este estilo. La mujer que lo luce aparenta sensibilidad, vulnerabilidad y extroversión, y alimenta su gran necesidad de autopublicidad.

El cabello *bouffant*

Bouffant es una palabra que viene del francés y que significa 'esponjado', 'mullido', e indica un tipo de peinado en el cual el cabello es fuertemente levantado y, por ello, se alza alto y voluminoso sobre la cabeza. Hoy en día utilizamos en sentido coloquial el concepto de cabello abultado. A ambos lados de la cara cuelgan a menudo mechones sueltos para acentuar la estatura.

Desde mediados hasta finales del siglo XVIII, el peinado *bouffant* fue el preferido de las mujeres de la Europa occidental. Originalmente había sido concebido para la reina francesa María Antonieta (1755-1793), que tenía un cabello muy fino pero quería dar la impresión de lucir una gran cabellera.

A finales de los años cincuenta y principios de los sesenta del pasado siglo, este peinado volvió a ser muy popular. Así por ejemplo la actriz norteamericana Bette Davis (1908-1989), y la esposa del presidente de Estados Unidos Jacqueline Kennedy (1929-1994) llevaban un peinado *bouffant*. Ambas ejercían de representantes de la nueva mujer que, sedienta de actividad y curiosidad, quería dejar atrás sus viejos y anticuados papeles.

Las mujeres con el peinado *bouffant* son absolutamente conscientes de su fuerza, de su energía y quieren mejorar siempre. Para alcanzar sus metas, en caso de necesidad tienen la suficiente paciencia de recorrer un largo camino. Son influyentes, poseen una gran imaginación y saben cómo desarrollar un papel directivo de primer orden pero, al mismo tiempo, con inteligencia y guante de seda.

Los rastafaris, o *dreadlocks*

Los *dreadlocks* (del inglés *dread,* 'terror'), llamados también rizos rastas, trenzas rastas o rastas, indican un peinado que se trenza directamente desde el cuero cabelludo. Los mechones, que se desarrollan a partir de pelos enmarañados, en determinadas condiciones pueden también formarse por sí solos, si durante mucho tiempo no nos lavamos ni peinamos el pelo. Para conseguir este peinado, sin embargo, no se espera a que se produzca este efecto, sino que el enmarañamiento se produce de manera artificial. El trenzado rasta se presenta de distintas formas, gruesos y largos. A ellos se añaden rastas de lana preparadas de manera artificial.

Aunque muchos crean que las rastas son un peinado vinculado exclusivamente con el sentimiento vital de la música *reggae*, la historia nos demuestra otra cosa. Las rastas se encuentran en todas las culturas y épocas. Originalmente las llevaban los guerreros y otras personas misteriosas, con el tiempo se desarrollaron en distintas culturas como estilos de moda, por ejemplo entre los aztecas, los germanos, en el sufismo, en el hinduismo, pero también en círculos nobles como en cierto período en la corte del rey danés Cristiano IV (1577-1648).

En el mundo occidental las rastas están de moda, sin embargo, las mujeres que las llevan, por este hecho, quieren también comunicar sus puntos de vista. Con su empleo señalan su fuerte inclinación hacia la religiosidad o la espiritualidad, como un indicio importante de su manera de ser. El amor a la libertad, la libre manifestación de una opinión y la individualidad, son muy importantes para estas personas. A causa de las raíces religiosas de los rastafaris, adeptos a una orientación religiosa nacida en 1930 en Jamaica, muchas de las mujeres que llevan rastas viven como veganas y rechazan los productos animales, pero también la sal. Asimismo los adornos corporales como los *piercings* y los tatuajes, y el disfrute del alcohol y del tabaco al principio estaban mal vistos. Pero no todas las mujeres que llevan rastas se atienen a estos modos de conducta –también en esto la modernidad se muestra muy individualista.

Además, se pueden fácilmente identificar las mujeres peinadas con rastas que viven el rastafari no sólo como una visión del mundo, sino de una manera dogmática como una religión. Así, las estructuras patriarcales les imponen el deber de taparse la cabeza con un paño y en ningún caso llevar el pelo descubierto.

El peinado afro

El aspecto afro define un peinado que impresiona por mostrar un pelo fuertemente encrespado. El cabello sobresale por todas partes y aumenta el contorno de la cabeza de una manera muy considerable. La persona que lo lleva se hace notar. Es casi imposible pasar desapercibido con este tipo de peinado.

Este peinado fue sinónimo de una personalidad indómita, revolucionaria y desenfrenada, que buscaba la confrontación. Las razones para estas opiniones fueron las noticias que se difundieron en los años sesenta durante los movimientos sociales que se desarrollaron en Estados Unidos y, finalmente, el movimiento hippy en los años setenta.

Hoy día, la persona que lleva el pelo a lo afro podría ser alguien algo más adaptada que en épocas anteriores. Sin embargo, no le gustaría «compartir el peine» con quienes fueron precedentes, sino más bien demostrar su individualismo. Este peinado representa una inquietud interior y el deseo de cambio. La creatividad de la mujer que lo lleva frecuentemente es muy manifiesta.

FLORES EN EL PELO

Aún hoy en día, muchas mujeres llevan cintas de distintos colores en el pelo, para realzar un aspecto de su personalidad o para «transmitir» un mensaje. Así, una cinta amarilla (*yellow ribbon*) representa el recuerdo y el pensamiento de la persona amada que está en el ejército y presta su servicio en tierras extranjeras. Sobre todo en tiempos de guerra, las mujeres angloamericanas con esta cinta mostraban su unión y añoranza hacia su pareja.

Durante largo tiempo fue más frecuente el uso de flores en el pelo. Este embellecimiento del peinado fue popular en el mundo entero y se vuelve a ver hoy en día en algunas culturas. Por ejemplo, en determinadas islas del Pacífico Sur una flor tras la oreja derecha significa que la mujer en cuestión no está casada ni tampoco prometida. La flor tras la oreja izquierda indica lo contrario.

En nuestras latitudes se inclinan por llevar flores en el pelo las niñas y las mujeres creativas, para adornarse y enviar un mensaje al público sobre su creatividad y su conexión con la naturaleza, ya que las flores en el pelo tienen su propio valor informativo:

ROSA ROJA: amor, pasión, temperamento
ROSA ROSA: amistad
ROSA BLANCA: claridad o misticismo
MARGARITA: inocencia y pureza
CLAVEL AMARILLO: desengaño
JAZMÍN: sensualidad
HIBISCO: dulzura
VIOLETAS: fidelidad

Los peinados masculinos

En los decenios pasados se ha hecho algo con respecto a los peinados masculinos. Ya quedaron atrás los tiempos en los que dos o tres cortes de pelo cubrían todo el ancho de banda disponible. El hombre de hoy se deja crecer el pelo, se lo afeita, lo tiñe, se hace rizos o mechas, en fin, se muestra tan dispuesto a experimentar como la mujer. De esta manera para el lector del rostro su peinado será de gran valor informativo, porque ahora también su pelo estará dando información.

Ya desde ahora podemos afirmar que el hombre del siglo XXI ama el cambio, vivir su creatividad y no le gusta ser catalogado entre los viejos modelos –y esto se traduce también en la variedad de sus peinados.

El pelo corto

El típico peinado de pelo corto es todavía el que se encuentra con mayor frecuencia en el hombre, ya que al fin de cuentas es práctico y no tiene complicaciones –es ideal para el hombre–. Además da relieve al rostro masculino, que gracias al corte de pelo gana mucho en atractivo.

El peinado natural con pelo largo

Es verdad, el pelo corto parece ser siempre la medida de todas las cosas, sin embargo, sigue aumentando el número de hombres con el pelo largo. Éste indica sensualidad, romanticismo y creatividad –es decir atributos femeninos, que no todo hombre tiene el valor o la vocación de mostrar–. Este peinado denota al soñador, al idealista, aquel al cual le da lo mismo comportarse de acuerdo con las normas sociales o no. Los hombres con el pelo largo tienden más a los extremos. Así, encontramos a tipos muy melancólicos, pero también a verdaderos individuos temperamentales entre ellos. El

amor y la pasión desempeñan un papel especial en la vida de los hombres con el pelo largo. Tienen el corazón a flor de piel, sin embargo, posiblemente su consideración entre algunos de sus congéneres podría resultar difícil. En ocasiones, estos amantes de la libertad ligados a la naturaleza podrían obtener más de cuanto ellos estén dispuestos a dar.

El pelo largo con estilo

El pelo largo trabajado necesita de pequeñas ayudas, como geles, lacas o espráis. El hombre que se decide a adoptar este peinado necesita dedicar mucho tiempo a peinarse, cosa que por otra parte no debería resultarle difícil, ya que él da importancia a su apariencia exterior. Gracias a su vena creativa y a su fina sensibilidad, consigue siempre establecer tendencias con su peinado y ser un *voyeur* intencional. Él quisiera ser percibido y observado, quizás incluso amado. Esto a menudo está en

profunda contradicción con su lenguaje corporal.

Seguramente, en la vida de estos hombres la vanidad juega un papel importante, pero ellos quisieran también expresar que tienen la voluntad de «nadar contracorriente» y establecer sus propias normas. El deseo de disfrute, y el de crear o de realizar, está fuertemente expresado. Si los lados del peinado están recogidos, y el cabello principal está dispuesto de manera revuelta, esto revela mucho sobre el modo de pensar, y en la precisión se halla la medida decisiva.

El cabello ensortijado

En el hombre no es tan frecuente encontrar el pelo rizado como en la mujer. La verdad es que una lástima, ya que este peinado indica sobre todo una personalidad llena de vida y bondadosa. Estas personas se ocupan de todo aquello que les importa con mucho temperamento y celo.

El cabello ensortijado denota a la persona de miras amplias, que puede mostrarse dadivosa y llena de entusiasmo. Su ser «fogoso» está disponible para dirigir y guiar, para el amor, la pasión, la intuición, la creatividad y la fuerza expresiva. Es dinámico, pero también está dispuesto a la agresividad y la comprensión posterior relacionada con la misma. Si tuviéramos que buscar una «reina del drama» en el mundo de los hombres sería más rápido encontrarlo entre ellos que los que llevan el pelo corto.

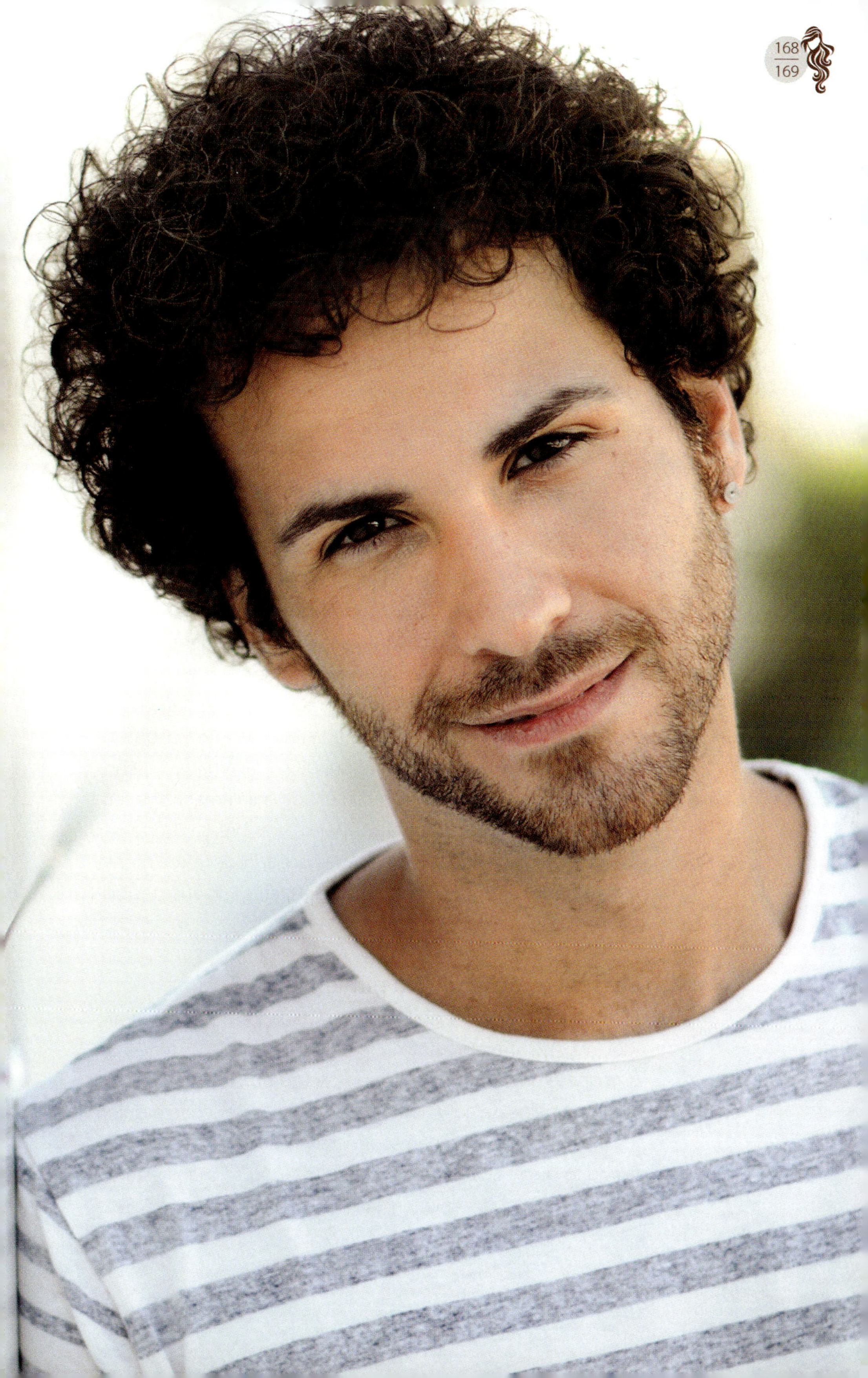

El cabello ondulado

El cabello ondulado confiere una apariencia en general más joven, pero no demasiado ingenua. El movimiento del cabello indica que puede ser alguien flexible. Está abierto a la vida, a las posibilidades de aprendizaje y a las transformaciones que esto lleva aparejado.

Los hombres con el pelo ondulado, que quizá tiene el aspecto grueso y lustroso, en general poseen una gran energía, una fuerza de voluntad considerable y se muestran como espíritus innovadores. Están siempre en movimiento, y frecuentemente uno se da cuenta de que se trata de personas muy emocionales que intentan esconderse tras una relación intensa, que fácilmente puede ser lastimada. Muchos tienen dificultad para llamar a sus sentimientos por su nombre. La libertad es importante para ellos, también en la pareja. Es decir, realmente quieren una relación intensa, pero manteniendo sus posibilidades de retirada.

El aspecto de la sal y la pimienta

Este peinado corto, generalmente cuidado, de color negro y blanco, tiene el aspecto de la sal y la pimienta. A través de un copete que antaño fue de un oscuro puro, se transparentan unos pelos de color plata, que confieren seriedad a quien los luce. Éste no debería esconderse, o hacerse más pequeño de lo que es. Su experiencia del mundo se manifiesta en su seguridad, que se evidencia en su aspecto. Estos hombres consiguen despertar la confianza más fácilmente, ya que no corren detrás de planes y visiones confusas, sino que hacen cosas coherentes.

Con el paso de los años el aspecto de la sal y la pimienta se transformará cada vez más en una cabeza totalmente blanca, y los lectores chinos del rostro pronostican al portador sabiduría en la vejez, fuerza del conocimiento, ternura y dotes de mando.

El pelo revuelto

Con frecuencia, encontramos el pelo revuelto en los llamados días de pelo rebelde, días en los que éste sencillamente hace lo que quiere, no lo que quiere su dueño. Se queda aplanado, no sigue línea alguna, y resulta difícil de dominar. Por este motivo, no ha de sorprender que encuentre buena acogida entre muchos contemporáneos masculinos, sin embargo, es especialmente apropiado para resaltar estas características –y además es también muy práctico: ducha rápida y el pelo secado con la toalla, y la persona está lista para nuevas acciones.

Como aquellos que lo lucen, este peinado es genial, romántico, tolerante y extrovertido. Quien lo lleva tiene una personalidad atractiva, siempre preparado para conquistar algo nuevo o, por lo menos, para manifestarse y

para dejarse convencer por la novedad. No obstante, su negligencia inicial no debería hacer olvidar su proporción correspondiente de idealismo y conciencia de sí mismo. Los que lo lucen sostienen con vehemencia sus principios, y entre ellos se encuentra su independencia en primerísimo lugar. Su lema podría ser: «Hago lo que me da la gana». No obstante, su franqueza contagiosa y su flojedad son tachadas a menudo por las personas serias de inconstantes y poco fiables.

El peinado engominado

El peinado con vaselina denota al hombre que consagra su vida totalmente al éxito. Ni un cabello le cae sobre la frente o la mejilla. Todo es correcto, todo está en su sitio. El rostro se muestra abierto y reconocible por todo el mundo. El hombre así peinado puede «ofrecer su frente» a los demás. Tanto en lo privado como en lo profesional, todo está orientado hacia el beneficio y el éxito. Este hombre está muy seguro de sí mismo, o por lo menos ésta es la impresión que transmite. Quiere progresar, y por este motivo tiene poco tiempo para arreglarse: se arregla el pelo rápidamente con gel y peinado hacia atrás, y así está listo para nuevos compromisos. Este tipo de hombre muestra fuerza y capacidad de poner en evidencia sus ventajas. Intenta comunicarnos que está por encima de las cosas. Su cabello reluce como quisiera relucir él mismo. En muchos casos, esto muestra un fuerte deseo de llamar la atención y de ambición de poder. El peligro de este tipo tan pagado de sí mismo radica en que puede llegar a ser vanidoso y arrogante. Aquí se manifiestan las actitudes hostiles.

El cabello estilo *undercut*

Mientras que en las mujeres el estilo *undercut* representa cosmopolitismo y la necesidad de una expresión individual, en el caso de los hombres se convierte casi en su opuesto: la uniformidad y el deseo de pertenencia a un grupo se hallan frecuentemente tras la elección de este corte de pelo.

Originalmente ideado como corte de pelo militar, en los años cincuenta se desarrolló el *undercut* como un estilo adoptado por personalidades rebeldes como por ejemplo el actor James Dean (1931-1955). En la actualidad, es frecuente y se encuentra en todas partes en el mundo. Ahora el rebelde se muestra adaptado, porque es flexible –y esto lo materializa el corte de pelo, que se puede llevar en sus diferentes variaciones–. En la mayoría de los casos, se arregla corto en los lados y en la parte de atrás, mientras el pelo de la parte superior se lleva tan largo como sea posible, por lo cual en Alemania se llama también O(b)laSeku (*Oben lang*, *Seiten kurz*, 'arriba largo', corto en los lados). Según el estilo adoptado, el pelo más largo con el movimiento cae sobre las zonas cortas, de manera que éstas quedan parcialmente cubiertas.

Este corte de pelo es moderno, práctico y flexible –exactamente como el hombre moderno de hoy–. Ya no es tan individual como antes, y por ello los lectores del rostro lo encuentran

poco útil a la hora de transmitir rasgos característicos de la personalidad.

Las entradas

Quienes todavía conservan todo el cabello en la vejez se pueden considerar afortunados. En esos casos las entradas incipientes o ya del todo desarrolladas estorban menos. Llevadas con un peinado corto, las entradas ponen en evidencia la seriedad del que las ostenta. Para estos hombres de estilo refinado la imagen es muy importante, ya que irradian honestidad, seguridad y confianza. El pelo corto y las entradas parecen estar hechos a propósito para hombres que ocupan posiciones directivas en la industria y la política. No obstante, las parejas de estos discretos contemporáneos echan en falta de vez en cuando las grandes emociones y los momentos apasionados.

El corte de pelo cuidado

Un corte de pelo cuidado es pelo cortado con esmero, sin fantasías ni extravagancias estilísticas, que además tiene suficiente con el lavado y, cuando proceda, el secado. Al hombre que adopta este peinado le gusta que sea rápido y flexible, sin mucho miramiento. Su peinado ha de ser de fácil mantenimiento, tal como lo desean él y su entorno. Estos espíritus positivos no quieren dedicar más tiempo del necesario a hacer aquellas cosas de la vida que tienen una importancia secundaria –y esto incluye el cuidado y el estilismo de su cabello–. Para ellos representa un desafío enfrentarse a mundos afectivos no racionales. Afrontar las emociones de otros y, por tanto, entrar en contacto con los sentimientos propios es una tarea no siempre bienvenida.

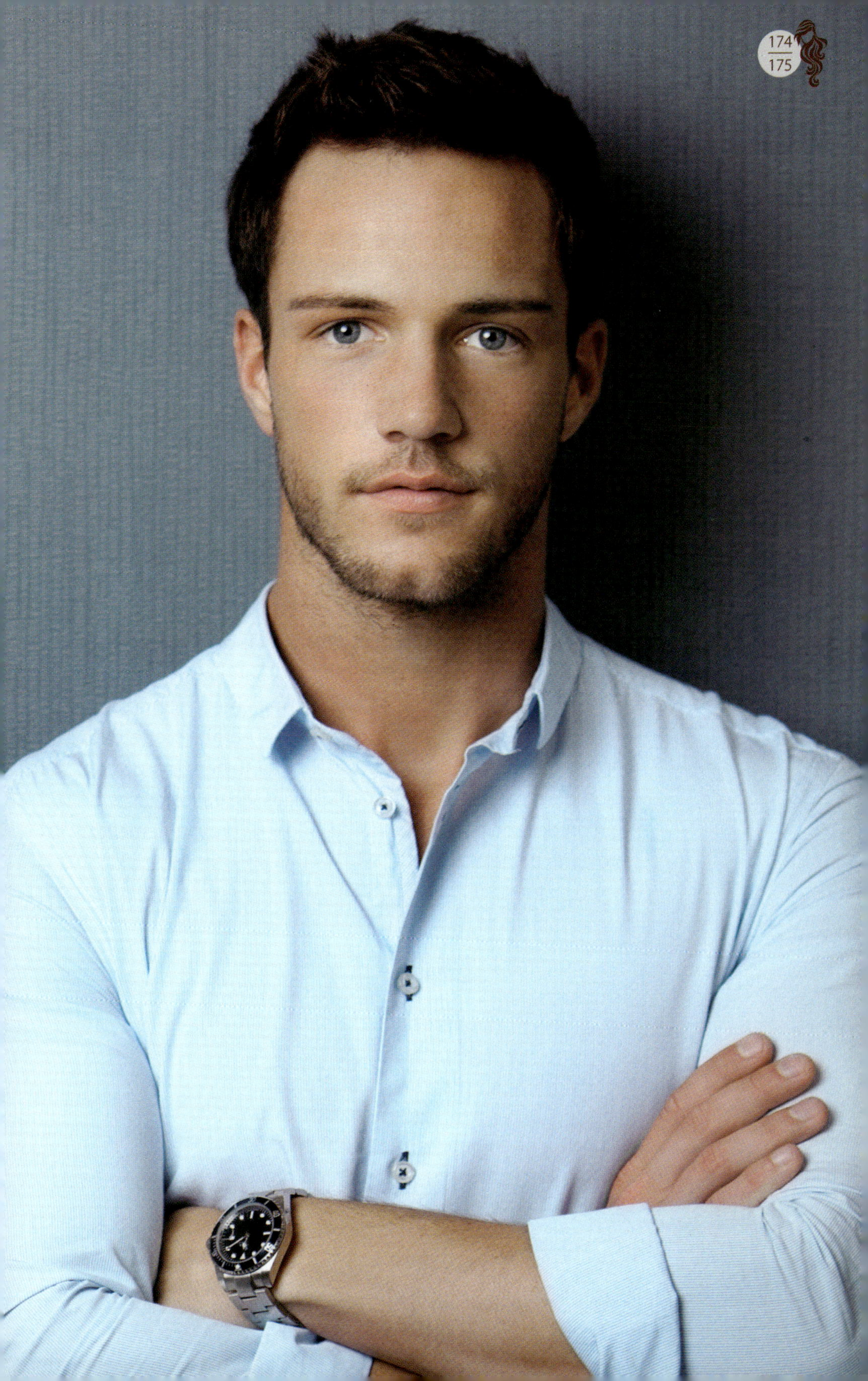

El corte de pelo a cepillo

El corte de pelo a cepillo se llama en inglés *crew cut*,* lo que denota su verdadera procedencia. En los años cincuenta este corte de pelo muy militar y sugestivo fue elegido para los miembros de los equipos de remo del Ivy League College. En este campeonato estudiantes de distintas universidades pusieron a prueba su eficiencia como tripulación, como equipo. El típico corte a cepillo se deja corto en la parte alta de la cabeza, a veces incluso se afeita, y sobre la frente el pelo alcanza hasta los 3 cm de largo, de manera que se puede cepillar hacia atrás o a un lado.

El hombre con el corte de pelo a cepillo lo lleva simplemente como una nota personal. Los hombres que dan importancia a la limpieza y al orden, que tienen una disposición práctica, que se muestran atléticos y para los cuales la opinión del equipo es importante, adoptan preferentemente este corte de pelo.

---

* Es decir, corte de pelo de la tripulación. *(N. de la T.)*.

El corte de pelo estilo *buzz*

El *buzz* (del inglés *to buzz,* 'murmurar, zumbar') de vez en cuando también recibe el nombre de *flattop*. Tradicionalmente, este corte se aplicaba a aquellos hombres que eran aceptados en las fuerzas armadas de Estados Unidos. Durante decenios, no había sido tomado en consideración por libre iniciativa, pero en la década de los años ochenta se introdujo en la vida civil como un corte de pelo a la moda.

Es extremadamente corto. Por norma, no se corta con tijeras, sino que el peluquero afeita el pelo con una maquinilla eléctrica de igual manera en los lados y en la parte alta de la cabeza, cada vez también claramente dispuesto de una forma cuadrada.

Este estilo es rápido y sin compromiso –indicios del modo de ser, que nosotros podemos con seguridad atribuir a quienes lucen este corte de pelo–. Estos hombres frecuentemente serios necesitan metas claras en su vida. Nada es peor que las relaciones poco claras o las posiciones indeterminadas. El gusto por tomar decisiones, por lo tanto, es una característica esencial de la persona que lleva este peinado, que por otra parte a veces debería dedicar más tiempo al aspecto creativo de la vida.

La media calva

La media calva aparenta inteligencia y seriedad, pero a muchos hombres no les gusta nada. Representa una posición indeterminada, ya que la persona afectada se suele preguntar: «¿Tengo todavía pelo o ya no me queda nada?».

Por ello muchos hombres tienen la sensación de tener que tomar una decisión. Algunos se afeitan completamente la cabeza, otros por el contrario cubren con pelos laterales dejados largos los puntos calvos en la zona alta de la cabeza. En realidad, lo aconsejable sería dejar el pelo tal como está, ya que una media calva transmite una sensación de ser digno de confianza, limpio y honesto. Quizá muchos hombres sienten que estas muestras de personalidad son demasiado sinceras y formales. Un estudio del psicólogo Ronald Henss indica incluso que a los hombres con media calva se les calcula cinco años más de los que tienen y se perciben como más pequeños de lo que son en realidad. Quizá radique en esta cuestión el rechazo subconsciente contra este corte de pelo. Pero el estudio también demuestra que los hombres con media calva son mejores padres de familia y compañeros de vida.* Asimismo, la media calva puede puntuar cuando se trata de otros valores: los hombres con media calva causan una impresión en el interlocutor de hallarse ante una personalidad inteligente.

---

* Véase: www.haarerkrankungen.de/aktuelles/haarsinglenewsmeldung.php?newsid=20080901, Stand: 6-8-2015.

La calva

A los hombres calvos, siempre que no se hayan afeitado la cabeza por razones de ideología, políticas o religiosas, a menudo se les describe como individuos abiertos. Son hombres que no ocultan nada de lo que les pasa o de lo que hacen. Es un acto de valentía afeitarse del todo la cabeza, a pesar de tener suficiente cabello para llevar el peinado que se quiera. Esa persona reduce su aspecto físico a su fisonomía y no le gustaría que su cabello distrajera de lo que representa su rostro.

La calva escogida y afeitada indica en el hombre seguridad en sí mismo. Quien la luce se caracteriza por ser una persona práctica, cambia de sitio las cosas y se preocupa poco de la opinión de los demás. Él sigue su camino. Esto con frecuencia es bien acogido por las mujeres. Supuestamente, los calvos muestran en los test niveles más elevados de testosterona, lo cual acentúa aún más su masculinidad, e incluso funciona como atractivo para el mundo femenino. Las calvas salen más bien mal paradas en la historia del peinado. Esto no depende sólo del hecho de que los calvos no han de competir con los peinados de este mundo, sino del hecho de que en la Antigüedad las cabezas afeitadas eran señal de sumisión y esclavitud. El afeitarse la cabeza se consideraba una humillación. Sólo en los últimos decenios las calvas se han vuelto aceptables e incluso atractivas. Como señal de masculinidad adornan también algunas cabezas de actores famosos.

Las rastas

Las rastas, o *dreadlocks,* desempeñan tanto en hombres como en mujeres casi el mismo papel: un medio de autoafirmación. El individualismo, la compenetración con el subconsciente y el deseo de una libertad ilimitada, van de la mano con este tipo de peinado.

Los hombres que llevan rastas manifiestan también una señal de protesta contra la sociedad. Las normas sociales y políticas generalmente aceptadas son puestas en entredicho, y con el peinado se da visibilidad a una señal de «alteridad». Un respaldo a otros valores. Estos hombres están centrados en ellos mismos, pero también pueden brillar en un equipo. Con menos voluntad siguen las exigencias, las normas o los rituales de otras figuras sobresalientes o de los superiores.

EL PEINADO
Y LAS EMOCIONES

El peinado y el corte de pelo no vienen determinados sólo por el espíritu de la época, o la moda, o por las presiones sociales, sino también por el nivel de las experiencias del momento y las emociones de una persona.

Con frecuencia el cabello responde a nuestros movimientos expresivos. Así la preocupación, la agitación, la alegría, el miedo, en realidad, todas las emociones se pueden leer sobre o en nuestro cabello. El cabello quiere comunicarse. Sin embargo, estos mensajes suelen ser muy sutiles y para los lectores no avezados frecuentemente difíciles de reconocer o distinguir, mientras que nosotros, los lectores del rostro, nos sentimos más seguros en la apreciación de la mímica y de las microexpresiones de los músculos de la cara que en la observación del cabello. No obstante, el que sabe «leer» los mensajes que transmite el cabello averiguará muchas cosas sobre su interlocutor. Esto funciona especialmente bien con las personas que tienen el cabello largo, no se deciden de manera seria por un peinado y se muestran flexibles en lo que se refiere a su configuración. Estas personas modifican su peinado según sus propios sentimientos. Estas variaciones con frecuencia tienen lugar de manera subconsciente y pueden así permitir sacar conclusiones sobre el estado de ánimo de la persona en cuestión. Los críticos afirmarán que el peinado cambia sólo ocasionalmente, o se orienta según la actividad profesional, como sucede por ejemplo en la gastronomía, en la que el pelo largo se ha de llevar sujeto. Esto es cierto. Sin embargo, también se puede observar que las personas afectadas durante su trabajo se encuentran en un «estado de ánimo» distinto que al terminar el trabajo, con lo cual asimismo en este caso el peinado es una manifestación del estado de ánimo.

Naturalmente no existe un peinado para un determinado estado de ánimo. Al tratarse de algo tan personal como los sentimientos humanos, éstos se manifiestan en cada persona de una manera completamente individual. Sin embargo, hay un par de modificaciones a corto plazo y en pocos minutos, que se refieren al pelo y que dan una referencia sobre la tendencia real. Sobre este tema damos a continuación algunos ejemplos de una señora con el pelo largo y oscuro:

Las mujeres que llevan el pelo largo hacen resaltar su cabello con adornos, pasadores, flores o aderezos de todo tipo, cuando participan en una ocasión especialmente festiva. Si esta ocasión tiene un significado emotivo, la mujer con el pelo largo le dedica el tiempo necesario e invierte mucha fantasía en la creación de su peinado. Por medio de estas transformaciones ella destaca todavía más su lado femenino, como por otra parte ya lo hace su largo cabello, porque en el caso de un hombre este tipo de autopresentación es menos habitual. La mujer de la foto desea, pues, poner en evidencia su feminidad, todo lo demás pasa a un segundo plano.

Cubrirse la frente, como es el caso en este peinado, puede significar que la mujer que lo luce pasa por un momento de introversión y que está ensimismada. No desea intercambiar impresiones, tampoco revelarlo todo, necesita su espacio de libertad. Esta disposición de ánimo discreta encuentra su manifestación en la ocultación del llamado «tercer ojo». La mujer ha observado lo suficiente y no quisiera «llenarse hasta el borde» con nuevas informaciones, ni de manera intuitiva ni de hecho. En este caso, este peinado actúa también como una especie de escudo protector contra los demás.

Al extender el cabello sobre el lado izquierdo, la mujer destaca su lado femenino. Nuestros ojos se van automáticamente hacia la izquierda, para contemplar el lado femenino, porque allí hay más «información» que nos transmite el cabello. Para muchos lectores del rostro, el lado izquierdo representa la sensibilidad, la creatividad y la feminidad (*véase* pág. 135), propiedades que en este caso la mujer quisiera hacer resaltar.

Por el contrario, si la mujer se peina hacia el lado derecho, pone en evidencia su lado masculino. Nuestros ojos se fijarán en su capacidad de trabajo, su intelecto, sobre hechos y argumentos. «Yo me centro ahora más en la razón y menos en los sentimientos», podría decir esta mujer. El lado derecho representa también al guerrero. Por ello, frecuentemente destaca en el trabajo o es puesto en evidencia por hiperintelectuales de pelo largo.

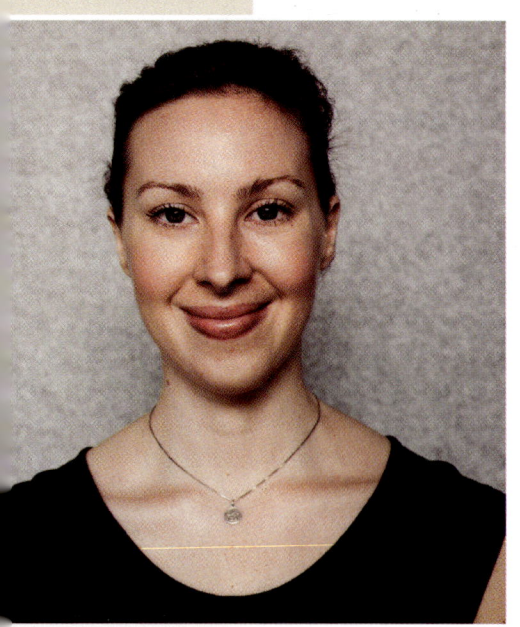

A quien tiene sólo unos pocos minutos para dedicar a su pelo largo se le aconseja este peinado, con un simple recogido del pelo. No necesita ningún cuidado y la mujer tiene claro que hay otros temas distintos que la autoafirmación creativa. Para ella es fundamental la funcionalidad, porque lo que hace en ese momento es más importante que el propio aspecto. El peinado denota falta de tiempo, impaciencia o falta de autodeterminación. También después de una actividad deportiva de esfuerzo se puede adoptar esta sencilla solución.

El trenzado demuestra actividad y dinamismo. Quien lo luce indica externamente que ama su pelo, pero que en ese momento no le importa demasiado su aspecto. A las personas que en su vida profesional cumplen un esfuerzo intermedio o practican deporte les gustará trenzarse el pelo largo, de manera que no les distraiga de su verdadero cometido.

Este tupé alarga la cabeza más allá del ámbito superior, es decir de nuestro cerebro. De esta manera se pone la atención en la capacidad de pensar, que se aumenta visualmente. En este caso, el flequillo se peina hacia atrás y se fija detrás de la cabeza, pero también se puede peinar en tupé. Así pues, quien adopta este peinado parece más alto y más importante. La mujer que lo lleva se «corona». Pero muchas veces se trata sólo de hacerse ver: «Hola, ¡todavía estoy aquí!».

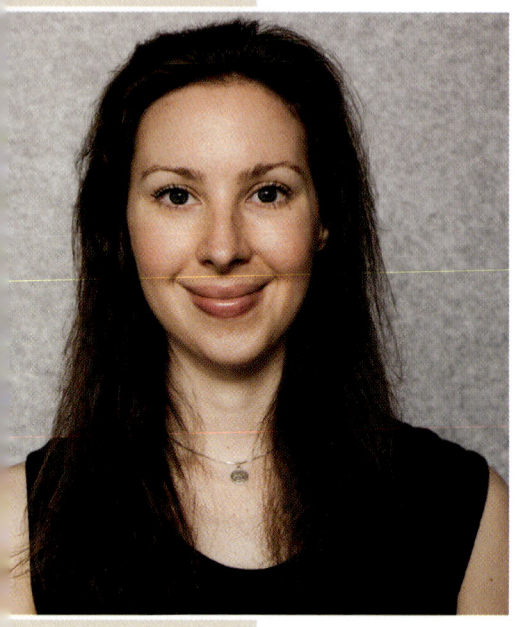

Cuando se lleva el pelo largo suelto, quizá incluso sin peinar, la mujer que lo luce muestra su lado salvaje y su independencia. Le gustaría poner en evidencia estas características a todos los niveles, y antepone su espíritu libre. Ahora, no se le debiera imponer ningún castigo disciplinario o ser tenida bajo tutela. En ningún caso, le gustaría ser «domesticada».

La cola de caballo en términos generales impone orden en la barbarie. La mujer que la luce se puede concentrar en distintos temas sin que le moleste el pelo que le cae sobre la cara. Si lleva la cola sobre un lado, la persona sigue haciendo resaltar su capacidad de enfoque, pero sólo con un carácter juguetón. Se ríe de los reglamentos ajenos y sigue únicamente sus propias normas, para alcanzar la meta.

LAS CEJAS

Las cejas son los pelos cortos que crecen sobre el saliente óseo que se halla en el borde superior de la cuenca del ojo. En primer lugar, en comparación con el pelo de la cabeza, pero también con la eventual vellosidad del cuerpo, como la que crece en los brazos, piernas o pecho, los pelos de las cejas crecen de manera sensiblemente más lenta (*véase* pág. 53). Los folículos pilosos de las cejas son muy susceptibles de sufrir lesiones, entre las cuales se encuentra también la depilación. Sin embargo, el concepto de «extirpar» describe mejor este hecho. Así, el número de pelos como consecuencia de esta extirpación violenta puede reducirse de manera duradera o incluso su producción cesar del todo.

Desde hace miles de años los hombres de todo el mundo han modificado el aspecto de sus cejas, las han eliminado completamente, las han aclarado, o las han modificado en su forma de manera creativa. Lo mismo que los peinados y las barbas, las cejas, especialmente las femeninas, volvieron a hallarse bajo la atención del espíritu de la época. Lo que en un siglo, o en un decenio, se consideraba elegante y atractivo, en la época siguiente podía ser considerado impropio o desagradable.

Las distintas culturas se ocuparon también con fruición del espacio entre las cejas. Las opiniones sobre su significación eran muy variables. Para algunos pueblos una línea continua de ceja a ceja sobre el puente de la nariz era extremadamente atractiva. Éste fue por ejemplo el estilo preferido en algunos países asiáticos, como China o Japón. En otros lugares, sobre todo en las sociedades occidentales, se consideraba atractivo dejar un espacio sin pelo entre las cejas.

Algunas culturas asiáticas les daban a las cejas determinadas formas, destinadas a hacer resaltar la mímica. En Japón, las mujeres se depilaban las cejas siguiendo unos estilos especiales con nombres creados a propósito. Durante el período Heian (794-1185) se depilaban las cejas sólo los hombres y las mujeres de familias nobles y además marcaban líneas adicionales de hasta 2,5 cm por encima de la línea natural de las cejas, es decir sobre la frente.

Para tener una impresión de la cambiante moda relacionada con las cejas, es suficiente echar un vistazo a los tiempos modernos. También las formas de las cejas socialmente aceptadas en cuanto a la densidad, el grueso, el color y la forma dependían de una transformación permanente –incluso en nuestros tiempos acelerados–. Influían no sólo los acontecimientos históricos, sino sobre todo personas individuales que fueron catalogadas como ejemplos ideales y que sometían su rostro a la variedad de estilos.

En los años veinte del siglo pasado estaban de moda las cejas finas, y cada vez más mujeres se hacían una línea delgada. Aquí tuvieron un papel clave las actrices y los actores populares de las películas mudas tan famosas en la época. Los maquilladores exageraban el aspecto de los ojos, ya que en las películas mudas había que mostrar una mímica fuertemente expresiva, porque las emociones representadas no se podían expresar con la palabra. Las expresiones mímicas tenían que ser fácilmente identificables y claras, y las cejas delgadas representaban una ventaja, ya que sus movimientos podían ser percibidos más claramente.

Pero, con el tiempo, todavía se afinaron más. Las responsables fueron las estrellas del cine famosas en los años treinta, que se adornaban frecuentemente con cejas dibujadas, después de haber eliminado el arco natural. La actriz sueca-norteamericana Greta Garbo (1905-1990) se depilaba las cejas en un arco evidente que seguía la forma de la órbita ocular. La actriz y cantante alemana Marlene Dietrich (1901-1992) eliminó sus cejas naturales y trazó una línea nueva, de aspecto poco natural, sobre la frente.

Pero esta moda no duró mucho. Algunas actrices decidieron pronto volver a adoptar una línea de cejas natural, cada vez más gruesa. Una de ellas fue la actriz británica Vivien Leigh (1913-1967). En la película clásica *Lo que el viento se llevó*, del año 1938, mostró intensamente sus cejas gruesas y muy expresivas en su papel de Scarlett O'Hara. Una de sus señas características era levantar la ceja derecha para subrayar su estado de ánimo.

En los años siguientes se exigía fuerza y voluntad de resistencia, ya que había estallado la Segunda Guerra Mundial. Como consecuencia también cambió el estilo de las cejas. Las mujeres trabajaban en las fábricas de las industrias armamentísticas, y tenían poco tiempo para entretenerse en los detalles con esa minuciosidad y dedicarlo a su aspecto, como había sido el caso de unos pocos años atrás. Así, las cejas se volvieron otra vez gruesas y por consiguiente más naturales.

Después de las privaciones de los años de guerra, y con la llegada del milagro económico en los años cincuenta, se volvió a atribuir más valor a la propia imagen y a la configuración creativa. En ese momento, las cejas anchas y planas formaban parte de los ojos grandes «a lo Bambi», que junto con las cejas formadas de manera correspondiente, comportaba también una línea oscura sobre los párpados y pestañas espesas. Las actrices mundialmente famosas Elisabeth Taylor (1932-2011), Audrey Hepburn (1929-1993) y Sophia Loren fueron las representantes más conocidas de esta tendencia.

Los años sesenta y setenta fueron muy experimentales y no se distinguieron por poner de moda ningún tipo de cejas. Esta tendencia se mantuvo durante mucho tiempo, hasta que en los años ochenta volvieron a llevarse las cejas grandes y tupidas. Las mujeres empezaron a hacer carrera en ámbitos que habían sido exclusivos de los hombres, como el mundo de las finanzas, y querían presentar unas personalidades fuertes y nada frágiles –y a esto contribuyó también la forma de las cejas–. La escena musical y la de la moda hicieron suya esta toma de conciencia de su propio valor. Modelos y actrices como Brooke Shields prestaron su rostro a esta nueva imagen.

En los años noventa el individualismo volvió a tener un papel importante. Esto sigue siendo así también hoy en día, por lo cual podemos ver una variedad de tipos de cejas en las grandes ciudades. Mientras, en muchos países asiáticos han surgido negocios especializados en el cuidado únicamente de las cejas y las pestañas –una moda pasajera que en Occidente conocemos sólo con relación a los gabinetes dedicados a pedicuras y manicuras, porque las cejas y las pestañas aquí siguen siendo un negocio de los salones de belleza y de las peluquerías–. Sin embargo, también en Occidente se les dedica cada vez una mayor atención. Por esta razón, las cejas revelan hoy en día más cosas sobre la persona que las luce de lo que ella misma ha decidido conscientemente poner en evidencia acerca de su personalidad –y esto seguramente no se refiere sólo a las personas que tienen tendencia a la extravagancia o a una creatividad especial, y se tiñen las cejas de colores cambiantes o se afeitan pequeñas líneas, sino también a individuos menos excéntricos–. ¿Qué representan, pues, las cejas y qué características de la personalidad podemos reconocer a través de su estudio?

Las cejas tienen una significación no despreciable para el reconocimiento de la personalidad. Enmarcan los ojos y desempeñan un papel clave en la expresión del rostro. Gracias a la musculatura adyacente de la cara pueden ser utilizadas para subrayar su propia posición o acentuar el estado emocional del momento.

La forma de las cejas se interpreta de distintas maneras. La fisonomía cree poder leer en ellas

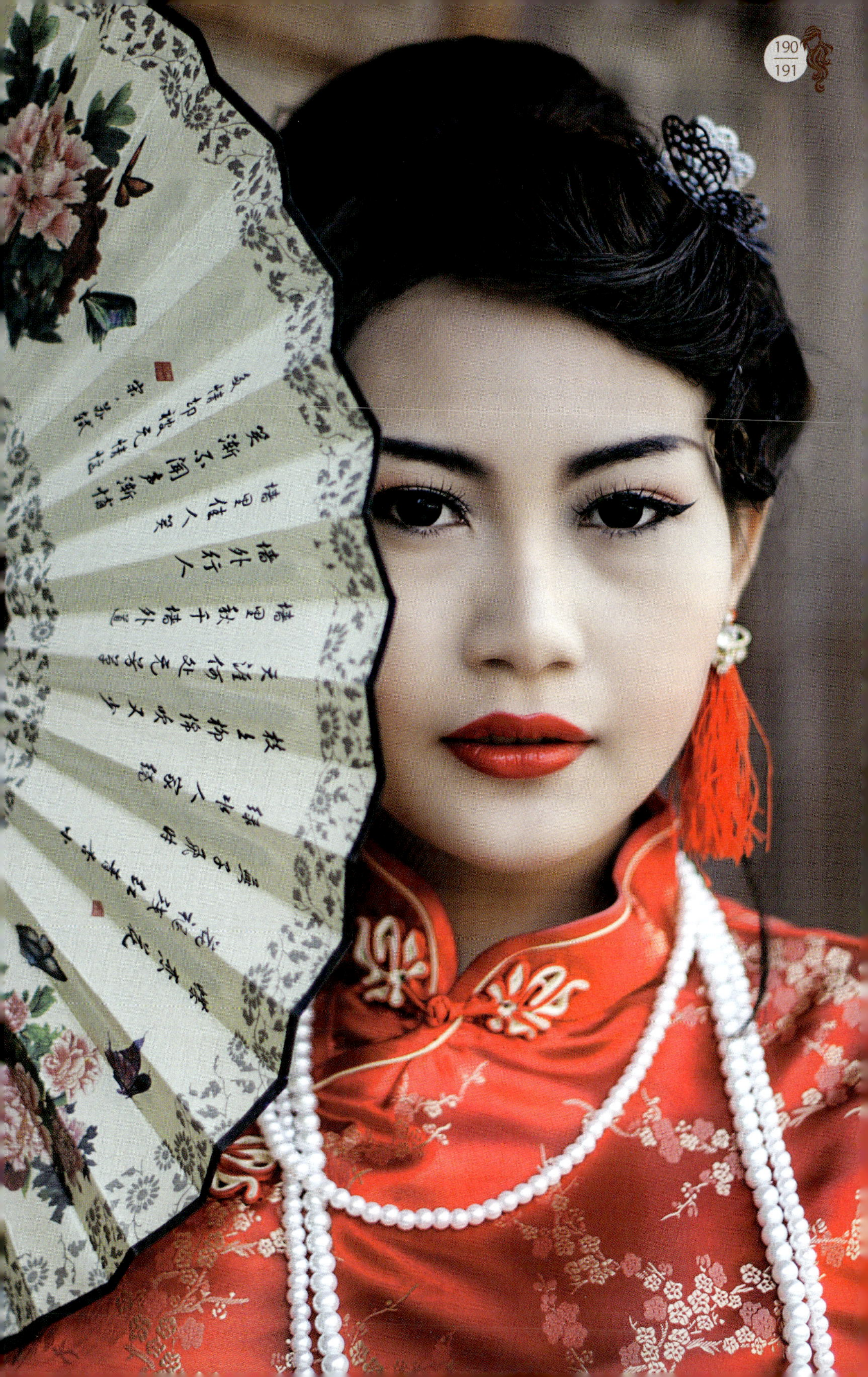

referencias a la capacidad intelectual de una persona. Al mismo tiempo, no se trata de la calidad intelectual sino más bien de la pregunta de cuánta información una persona puede y quiere procesar simultáneamente. Por eso las cejas sirven a los fisonomistas de escala graduada que denota la vitalidad y vivacidad de una persona. Por el contrario, el movimiento de las cejas no juega papel alguno en la fisonomía. Ahí radica el interés especial de la mímica porque todo contacto con el mundo exterior se expresa con mímica y, de esta manera, permite una mirada al verdadero mundo de los sentimientos.

Las escuelas chinas de lectura del rostro se afanan profusamente desde hace ya 3.000 años por descifrar el aspecto y el juego de las cejas. Aún hoy en día, los maestros de Siang-Mien reconocen en el aspecto de las cejas la personalidad de un individuo y los ideales que persigue. A menudo se me pregunta si, teniendo en cuenta las muchas modificaciones realizadas conscientemente en las cejas, estas afirmaciones siguen teniendo valor. Mi respuesta es muy clara: ¡Sí! Con las modificaciones realizadas conscientemente la persona que las luce transmite su propia situación emocional: «¡Así quisiera ser!», o «¡Así me siento realmente!». Y aunque haya muchas formas de cejas que hoy en día ya no se llevan a causa de las variaciones de la moda, siguen dándonos información sobre su diversidad.

Características fundamentales

¿Cómo se puede constatar la medida, la forma y el significado de las cejas? Antes de ocuparse de la forma particular, tiene sentido analizar primero las características fundamentales, como anchura, altura y longitud.

Las cejas que se juntan

En cuanto a la distancia entre las cejas, ésta debería tener sobre la nariz el ancho de unos dos dedos. Así, si apoyamos el dedo índice y el medio en el espacio que hay sobre la nariz, los dedos deberían tocar el inicio de las cejas. Para el lector del rostro, ésta es una señal de equilibrio.

Si ambas cejas se juntan sobre la raíz de la nariz, digamos que se confunden la una con la otra, esto expresa la capacidad de una fuerte concentración. La persona que tiene las cejas así es propensa a perseguir sus propios deseos con todos los medios y a aferrarse a la meta decidida y no apartarse de ella. En fisonomía, una persona así se considera de fuerte voluntad o estrecha de miras, según el carácter individual. Esa persona puede ser muy emprendedora pero también muy ambiciosa, en todo caso, se siente impulsada internamente. Le gustaría emprender o conseguir algo –y esto debería posiblemente suceder de la forma más directa posible–. Sin embargo, esta persona se ha de proteger de su propia tozudez, estrechez de miras o ignorancia, que a menudo le pueden poner piedras en el camino.

Las cejas muy separadas entre sí

Cuando las cejas están separadas más de 2 y hasta 3 dedos, están mostrando un enfoque vital de fuerte cariz femenino. Estas

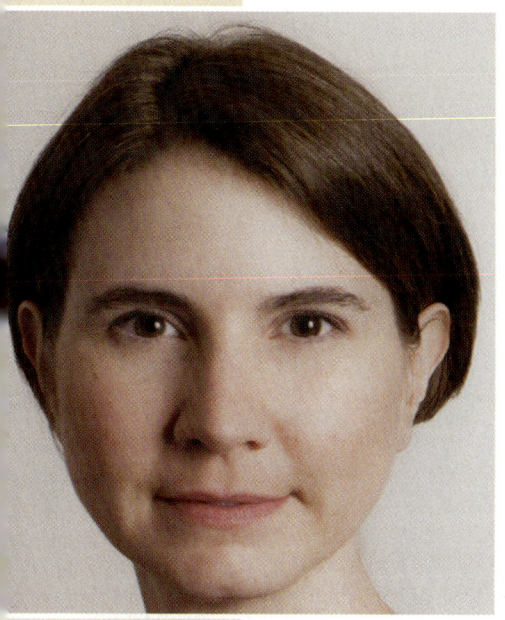

personas a menudo ven las cosas no tan limitadas y están abiertas a lo nuevo. Necesitan diversificación constante y no aceptan la rutina. La parte yin sin embargo las hace no sólo curiosas sino también de miras amplias y sensatas. Quizás a veces lleven esta sensatez demasiado lejos. En la antigua China se decía que las personas que tenían estas cejas tendrían dificultades con tanta «lealtad». Permanecen leales sólo a ellas mismas y a su deseo de gozar de muchas vivencias de los sentidos. Muchas personas románticas y soñadoras tienen estas cejas. Todo lo que es ideal y creativo, todo lo que facilita variación, tiene para ellas una fuerza de atracción mágica.

Si las cejas están todavía más separadas y se sitúan más arriba de manera inhabitual, según los maestros de Siang-Mien estas personas son de entendimiento limitado. Se meten continuamente en dificultades, ya que su visión de las cosas guarda poca relación con la realidad. La forma de las cejas de estas personas da una impresión visual de tratarse de alguien que está en las nubes.

La altura de las cejas

La distancia entre las cejas y los ojos se divide en pequeña, media y grande. Sin embargo, los fisonomistas no dan una explicación aceptable –aunque sobre este tema los lectores del rostro norteamericanos han hecho alguna declaración–, pero sí los maestros chinos lectores del rostro que las relacionan con las capacidades de comunicación. Según la fisonomía, sólo la boca es decisiva en esto.

Cuando las cejas se encuentran muy bajas, es decir casi sobre los ojos, hablamos de una distancia limitada. La fuerza de estas personas radica en su rápida capacidad de reacción en el plano verbal. Una reflexión demasiado larga para ellos lleva a un modo de hablar amanerado. «La palabra es plata, el silencio es oro», no es su lema, sino bien al contrario: para ellos la espontaneidad y la improvisación son fundamentales.

Por el contrario, si la persona tiene las cejas altas –es decir, la distancia entre los ojos y las cejas es grande–, no manifiesta nada. Estas personas sopesan cada palabra con exactitud y la pronuncian prudentemente en el momento adecuado. Por consiguiente, son muy apreciadas en funciones consultivas. Lo mismo sucede con las personas que antes de pronunciar pa-

labras importantes levantan las cejas. Para ellas la atención es real. Lo más deseable es, según los maestros chinos, que las cejas tengan una distancia media de los ojos, porque esto muestra el deseado equilibrio. Según la situación el discurso podrá ser meditado, impulsivo o espontáneo. La persona es flexible y se acomoda a la situación del momento.

El grueso de las cejas

Las personas con las cejas gruesas ejercen una importante fuerza de atracción sobre sus congéneres. Atraen la atención de manera casi magnética –casi no se les puede sostener la mirada–. Las personas con cejas gruesas saben aprovechar esta ventaja tanto en lo profesional como en lo privado. Además, están en posición de ocuparse de muchos y diferentes proyectos simultáneamente. Si los pelos de sus cejas son parejos y no revueltos, los detalles no les plantean tampoco ningún problema. Sin embargo, estas personas pueden inclinarse por exigir demasiado a quienes les rodean. Esperan de sus congéneres el mismo nivel de profesionalidad que ellos. Si se les presenta un estado de cosas demasiado simplificado, para ellas esto es una verdadera contrariedad.

Las cejas finas denotan una alta capacidad de concentración. Muestran el deseo personal de claridad y sencillez.

Las personas que las lucen están llenas de paz y se muestran despreocupadas, no desean enfrentarse a muchas exigencias simultáneamente. Sin embargo, esto no tiene nada que ver con la pereza, sino que se basa en su conciencia del deber. Prefieren ocuparse de las cosas paso a paso, ya que llevan a cabo muchos proyectos simultáneamente, y avanzan con mucha concentración y eficiencia. Por ello, es aconsejable explicarles las cosas importantes de manera sintetizada, y no perderse en detalles, ni presentar un estado de cosas de manera abigarrada.

Pero, ¡cuidado! Si nos encontramos con cejas finas en personas de constitución grácil, detrás de éstas se ocultan seres sensibles con nervios más bien débiles. Para cimentar este supuesto, los lectores del rostro buscan también otras señales, ya que las cejas como único indicio no son suficientes.

La longitud de las cejas

Las cejas cortas no se extienden sobre la longitud total del ojo que hay debajo. Las vemos aumentadas en personas sensibles, que disponen de una buena intuición y que pueden ser unos individualistas muy creativos. De vez en cuando, sin embargo, están marcados por la impaciencia, la irritabilidad o una actitud de expectación. A menudo muestran el deseo de ayudar a los demás, no obstante sólo pueden con-

centrarse sobre un número reducido de sus congéneres, ya que únicamente disponen de una energía limitada. En los antiguos escritos del Siang-Mien se informa de que las cejas cortas sólo permiten tener un contacto reducido con la familia. Sin embargo, los modernos lectores del rostro dejan poco juego para esta posibilidad.

En la cultura asiática las cejas largas se cotizan claramente más altas. No son sólo un indicio de mayor vitalidad y resistencia, sino también de sagacidad y de práctica oratoria. A las cejas largas les falta un arranque más suave a partir de la base de la nariz, y se presentan ya en toda su longitud de un extremo al otro: ésta es una señal reforzada de las propiedades mencionadas antes. El poseedor dispone de una enorme fuerza de voluntad, pero según los maestros de Siang-Mien es también susceptible de obstinación y terquedad.

Las formas especiales

En el caso particular la forma de las cejas será igualmente reconocible, y podrá ser identificada también por el lector del rostro no experimentado. Los lectores chinos han establecido una calificación determinada para cada forma de cejas.

La ceja elevada de un solo lado

En el capítulo «El cabello y la salud» (*véase* pág. 51) descubrimos ya que una ceja inclinada hacia abajo puede indicar la presencia de migraña, un fuerte dolor punzante en el ojo o en la cabeza (*véase* pág. 84). Pero si por un breve momento se mueve una ceja unilateralmente en la dirección opuesta, es decir se levanta hacia arriba, la situación es otra: la persona subraya con ese movimiento ya sea su interés propio o su escepticismo, pero en todo caso su participación en el asunto. Sin embargo, si una de las dos cejas está permanentemente situada en posición más elevada que la otra, esto indica una fuerte inestabilidad emocional.

Las cejas rizadas

Las cejas rizadas se ven juguetonas, casi enmarañadas, desmedidas y desordenadas, y éstas son las características que los maestros de Siang-Mien atribuyen a quienes las lucen. Ellos incluso dan un paso más: la interpretación china antigua sospecha que en

estas personas hay un pensamiento y actuación desordenados. Les atribuyen también una propensión a la inestabilidad, lo cual se hace especialmente evidente en el amor, donde dan la preferencia a lo nuevo y desconocido en contra de lo conocido. Visto de esta manera, esto no es una buena premisa para una relación de largo alcance.

Las cejas caóticas

Los pelos poco rizados, pero que crecen tupidos y en todas las direcciones y de punta, son característicos de las cejas caóticas. Son un indicador de alguien que en su vida siempre ha de contar con dificultades y contratiempos inesperados. Así, sus cejas funcionan como un seto rebelde de zarzas que intenta protegerse ante estos sucesos desagradables. Los pensamientos confusos y los problemas de concentración que de ellos se derivan definen a la persona que las luce, que frecuentemente es muy inteligente, pero también demasiado nerviosa, excitable e impaciente. Los lectores del rostro chinos critican que algunos portadores de estas cejas carezcan de modales. Esto no sorprende, ya que se les atribuye una gran impulsividad. En efecto, pertenecen a un tipo más bien neurótico, pero están en condiciones de actuar de manera extraordinaria, porque a menudo su constitución física es mejor que la de sus congéneres.

Las cejas con un inicio vertical

Con frecuencia, las personas sensibles tienen esta forma de cejas. La sensibilidad y una melancolía latente forman parte de su personalidad. La forma de sus cejas nos habla también de una ruptura emocional o un desengaño, que habrán de soportar. No les es fácil dejar ir. La ciencia china añade que estas personas no tienen suficiente apoyo de sus congéneres. En casos excepcionales, se pueden incluir también a los padres, por lo menos en la medida en que la relación no se corresponde con una normal relación emocional entre padres e hijos.

Las cejas rampantes

Las cejas rampantes indican determinación en una persona que no se conforma con el fracaso. En China se dice que esta persona doblegará el cielo y la tierra para vencer y tener éxito, que se manifiesta en estas personas ya a temprana edad cuando no incluso en la infancia. Pero en lo personal, las relaciones sociales podrían sufrir ante esta presión por los resultados. Por ello, las relaciones son más bien difíciles.

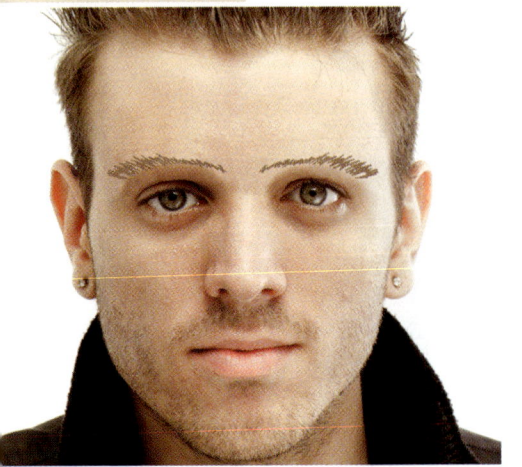

Las cejas afligidas

Las cejas afligidas representan lo contrario que las cejas rampantes. Es verdad que también éstas muestran una progresión en diagonal, pero ésta empieza en el ángulo externo del ojo y baja hacia la mitad. La persona que luce estas cejas es enigmática y no se lo pone fácil a sus congéneres para saber lo que piensa o siente. A menudo es un enigma incluso para ella misma, y esto a pesar de que actúa de manera muy inteligente y saca lo mejor de sus posibilidades. Es de pensamiento rápido y no tiene miedo de expresar lo que le pasa por la cabeza. Esto a veces puede ser muy incómodo para su interlocutor. Esta persona prefiere el camino más rápido posible para alcanzar su objetivo.

Las cejas con un crecimiento descendente de los pelos

El crecimiento de los pelos de las cejas no hacia arriba en dirección a la frente, sino en dirección a los ojos, visualmente

enmascara la zona del rostro. Esta característica define a la persona que tiene una falta de confianza tanto en los demás como en sí misma. Es más bien nerviosa e intenta evitar la confrontación a toda costa. Tiene también la tendencia a buscar la culpa en los demás para no tener que asumir las consecuencias de sus acciones. A causa de su falta de autoestima, las relaciones con esta persona son siempre problemáticas.

Las cejas con una tendencia ascendente de los pelos

En oposición a las cejas que crecen hacia abajo, los pelos con tendencia ascendente de estas cejas señalan a una persona que tiene pocos problemas con su autoestima. Por el contrario, muestra valor o incluso temeridad. Pero, ¡cuidado! Con frecuencia, estas cejas son el justificante de un temperamento fácilmente susceptible. Una cantidad considerable de falta de tacto es en estos casos la forma más suave. Los lectores del rostro de la antigua tradición china dicen: el propietario de estas cejas habla antes de pensar, y raramente actúa con previsión.

Las cejas con forma de cuchillo

Estas cejas tienen la forma de la hoja de un cuchillo antiguo. Es la marca de una persona inteligente, que se muestra decidida, sigue su camino y va donde cree que le corresponde. Prefiere el camino más sencillo y rápido. Pero, ¡cuidado! En el caso de un desarrollo negativo del carácter, esta persona puede inclinarse por la crueldad.

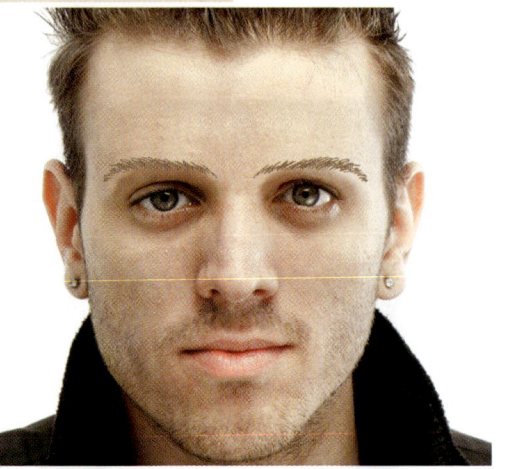

Las cejas con forma de espada

En este caso, las cejas se encuentran más arriba en la frente y no directamente sobre los ojos. Al igual que la hoja de una espada, que le ha dado el nombre, son planas y largas, y en el borde exterior, siempre más gruesas. Los pelos tienden a crecer en la misma dirección, es decir hacia arriba. Las cejas con forma de espada son típicas de una persona sabia, de un organizador y jefe natural, que tiene éxito en el mundo de los negocios. A esas cejas el propietario debe su longevidad.

Las cejas de la longevidad

Estas cejas representan definitivamente el aspecto de la longevidad, y por ello se denominan así. Se presentan anchas con

un alargamiento significativo de su terminación externa. Su aspecto es más bien brillante y oscuro. A las personas con estas cejas los maestros de Siang-Mien les auguran suerte y una vida de éxitos. Frecuentemente sus poseedores están dotados de un punto de vista artístico y creativo.

Las cejas con forma de luna nueva

Aquí tenemos la típica forma en arco –como también se muestra la luna nueva– con la fina estructura de los pelos de las cejas que se ve rara. De estas personas uno puede esperar inestabilidad emocional y explosiones de sentimientos –lanzando al cielo gritos de alegría o mostrándose desconsoladas hasta la muerte–. En los poseedores de estas cejas el autocontrol y autodominio se ha perdido, de manera que se puede encontrar reforzada la pasión del cuerpo. Para los hombres portadores de este tipo de cejas, los maestros de Siang-Mien llaman la atención sobre un interés sexual excesivo y malsano. Si las cejas no son finas, sino de estructura gruesa, el portador tiene miedo al el rechazo de los demás. La histeria amenaza.

Las cejas con forma de ocho

Esta forma de cejas según los signos de escritura china se parece al número «8» (八) y corresponde a personas que según los lectores del rostro tienen personalidades cambiantes y difíciles de comprender. Una prueba proporciona claridad: si una persona no evita la mirada del observador, sino que se mantiene firme, esto revela un corazón sincero. Si por el contrario, gira rápidamente la vista, se considera una falta de sinceridad, como en la ciencia de la mímica.

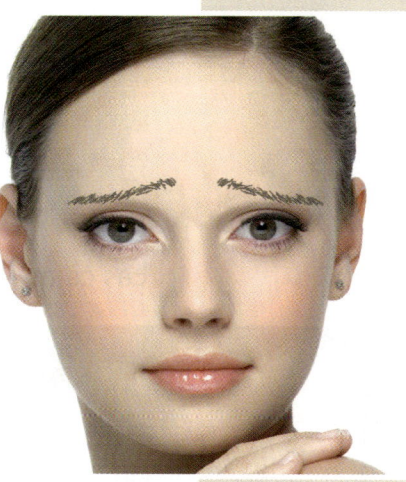

Las cejas con forma de escoba

Estas cejas son gruesas y de aspecto indomable, sobre todo si hay pelos que crecen dispersos en los extremos externos. Sin embargo, se encuentra también la variante opuesta. Lo desaliñado de las cejas refleja lo desaliñado y la impaciencia del portador. Aunque la persona quizá provenga de una familia importante, raramente mantiene contacto con sus allegados. Se trata de una personalidad muy individualista, que requiere mucha comprensión en una relación. Si los pelos se orientan hacia fuera, según los lectores chinos del rostro debería asumir sus proyectos en la primera mitad de su vida. Si los pelos crecen hacia bajo, es decir lejos de los ángulos externos, sería más aconsejable la segunda mitad de la vida. A las personas con este tipo de cejas les falta empuje y ambición para llevar adelante un proyecto en concreto, según la antigua ciencia china.

Las cejas de los héroes

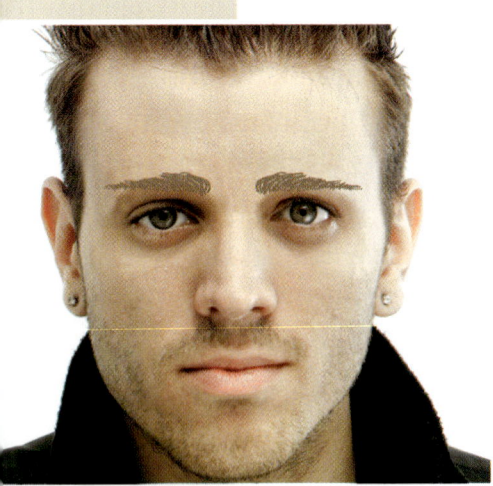

Para el lector chino del rostro, un héroe tiene hermosas cejas largas que se arquean suavemente sobre los ojos. Sin embargo, también es importante que los ojos sean armónicos, que transmitan perspicacia, pero asimismo calor y bondad. A las personas con esta forma de cejas se les atribuye una acción enérgica. Tienen pensamientos bien orientados y ordenados, son previsoras, ambiciosas y altruistas. Frecuentemente se trata de contemporáneos muy tranquilos, ya que son idealistas prácticos y tienen las cualidades necesarias del ídolo. Son valientes. Este tipo de cejas a menudo adorna los héroes de los cómics asiáticos. En sus películas el ídolo del kung-fu Bruce Lee (1940-1973) también aparecía con esta forma de cejas, de manera que quedara visualmente claro que él desempeñaba el papel del héroe.

Las cejas de las personas conscientes de su ascendencia

Estas cejas muestran la forma del signo chino del número «1» (一 yī), es decir un crecimiento de los pelos denso y compacto, de un largo medio, pero que supera ligeramente el borde del ojo. Sin embargo, la característica más notable es que aquí se ve claramente la raíz del pelo. Las afirmaciones relacionadas con las personas portadoras de estas cejas ya no son conformes a la época y no informan de nada verdaderamente directo sobre el carácter de la persona. Lo que se dice es que la persona desciende de una gran familia de renombre, tiene una reputación ejemplar y que garantizaría una relación larga y estable.

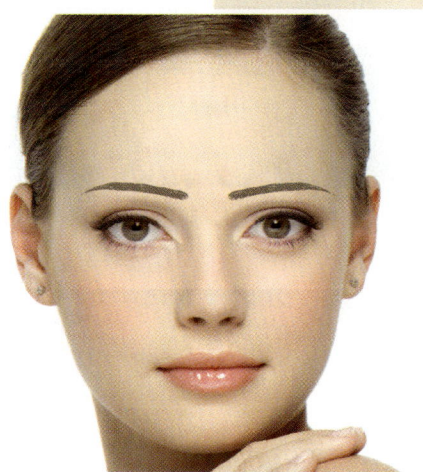

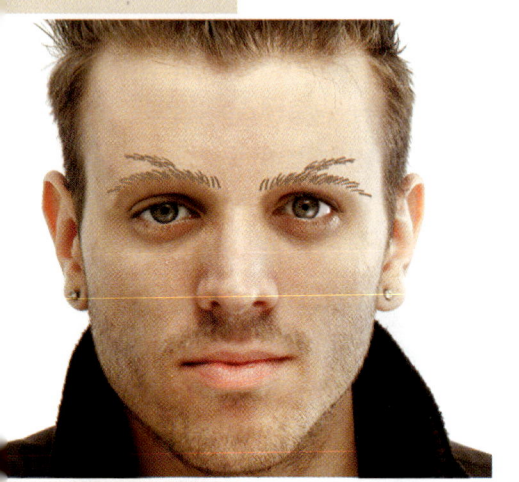

Las cejas del solitario

Estas cejas hablan de horas de soledad. Su portador prefiere profundizar en su existencia por sí solo. Para ello no necesita la reflexión y la opinión de otros. Demasiados contactos sociales lo ponen nervioso, por lo que él siempre busca posibilidades de retirada. Sin embargo, una vez repuesto es un ejemplo positivo en el ámbito profesional. Las personas que trabajan duro frecuentemente se caracterizan por este tipo de cejas.

Las cejas de la persona mental

Son muy parecidas a las del solitario, pero se elevan más marcadamente sobre el puente de la nariz y son arqueadas. Los pelos tienden a crecer hacia arriba. Para estas personas se hace difícil confiar en otros. Ocultan sus sentimientos y pensamientos, y asumen más bien el papel del antagonista.

Las cejas pandeadas

Como su nombre anuncia, los pelos de estas cejas están siempre rizados. Son más bien tupidos y normalmente se inclinan sobre el ángulo exterior del ojo. Según los lectores del rostro, esta característica se ha observado a lo largo de los siglos en los rostros de los líderes militares y de los políticos. Las cejas pandeadas indican la capacidad, el control y la preparación para hacerse cargo y asumir un papel directivo sin el menor reparo. Estas personas no consideran la responsabilidad como un peso o que sea abrumadora, sino todo lo contrario: ellas llevan la autoridad en la sangre.

Las cejas mortíferas

Cuando las cejas son muy cortas, anchas y gruesas y los pelos bastos y con forma de cepillo, los lectores del rostro hablan de cejas mortíferas. Esta forma marca a la persona solitaria, que ocasionalmente disfruta participando en empresas de gran calado con muchas personas, pero que prefiere estar sola cuando tiene elección. Mantiene amistades íntimas y puede emprender relaciones y compromisos largos, pero no le gusta ocuparse de ellas las 24 horas del día. En su lugar, necesita su tiempo libre y separación espacial. Esta separación puede también referirse a los padres o a su propia familia. A causa de esto les falta, con razón o sin ella, la comprensión y el apoyo de sus allegados.

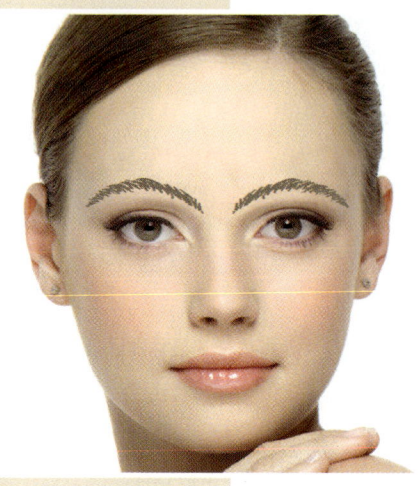

Las cejas de hoja de sauce

Estas cejas sinuosas y con pelos aparentemente revueltos son muy apreciadas en el arte chino de la lectura del rostro. Sus portadores son abiertos, honrados y amigables, tienen una mente destacada y un espíritu muy vivaz. Se entusiasman por la vida social y son acompañantes y amigos apreciados.

Las cejas de luna

Las cejas de luna indican reflexión y sutilezas profundas. A menudo pertenecen a personas que realizan la investigación de las causas, pero han de poner atención para no perderse en ellas. Además a quien las luce se le atribuye honradez, lealtad y franqueza.

Las cejas del dragón

En su mayor parte crecen en una línea recta diagonal y luego rápidamente se dirigen hacia abajo, inclinadas sobre el borde exterior del ojo. Estas cejas son bien formadas y elegantes. Los pelos son finos y brillantes. El poseedor de estas cejas pasa por ser una persona sabia con un marcado espíritu comercial. Tiene el respeto de los amigos, los colegas e incluso de sus competidores. No soporta la injusticia y no renuncia nunca a hablar sobre el tema. Estas personas no conocen el miedo cuando se trata de intervenir por una causa justa.

Las cejas de gusano de seda

Las cejas de gusano de seda se extienden suavemente sobre la frente. Tienen una forma recta y los pelos son lisos, sedosos y ligeramente ondulados. La persona que las tiene es especialmente apreciada, de respuesta acertada y está en posición de sacar lo mejor de cada situación. Tiene autodisciplina y buena mano. Posee, por tanto, las mejores condiciones para alcanzar la fama y la riqueza.

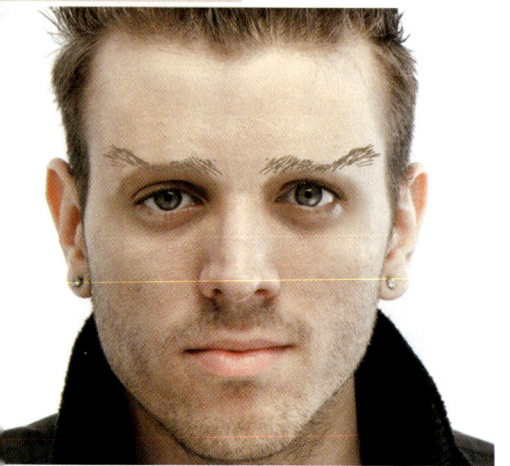

Las cejas del león

Estas cejas más bien rizadas están torcidas en su longitud. Son anchas, espesas y transmiten fuerza y poder. Aunque los pelos sean muy tupidos, las raíces están bien a la vista. Cuando el poseedor no está equilibrado, su enojo puede ser peligroso, ya que podría actuar de manera impulsiva e incontrolada. En ese caso, los resultados son siempre dificultades y desavenencias en su propia casa. Sin embargo, cuando está equilibrado, actúa con generosidad y benevolencia. La simpatía y el respeto de esa persona son seguros. A los poseedores de esas cejas se les augura una vida larga.

LAS PESTAÑAS

Las pestañas son los pelitos curvados que crecen en los bordes superior e inferior de los párpados. Su tarea principal es la protección de los ojos de la suciedad, el sudor y los cuerpos extraños más pequeños, por ejemplo los insectos. Además protegen la sensible parte interior del ojo ante la fuerte radiación lumínica. Su color es prevalentemente el mismo que el del cabello.

Nuestro párpado superior posee entre 150 y 250 pelillos finos, mientras que el inferior sólo tiene entre 50 y 150. También es diferente la longitud de las pestañas superiores e inferiores. Así, los pelillos superiores pueden tener una longitud de entre 8 y 12 mm, mientras que los inferiores sólo tienen entre 6 y 8 mm. La vida de una pestaña alcanza entre los 100 y los 150 días. Después de eso se caen y son sustituidas por otras. Cuando las pestañas se caen y no son sustituidas, la persona pierde las fuerzas, se vuelve fría y ocasionalmente también apática.

Sin embargo, no sólo el número de pestañas tiene gran importancia, sino que para muchas culturas significa que cuanto más largas son las pestañas más atractiva es la persona. Ésta es la razón por la cual en numerosísimas culturas se practica desde hace miles de años la aplicación de pestañas falsas o artificiales. Probablemente fueron incluso el primer accesorio artificial de moda. Hoy en día, muchas mujeres utilizan las pestañas postizas no sólo como una ayuda ocasional para realzar los ojos, sino que para algunas las pestañas postizas son una parte fija de su maquillaje diario y, por consiguiente, están integradas firmemente en su imagen exterior. En ese caso, las pestañas postizas se convierten en un detalle importante de su propia personalidad.

LA MÁSCARA

Mascara o *maschera* es una palabra italiana y significa 'máscara' o careta. Hoy día se utiliza en todo el mundo en el sentido de «rímel», e indica un producto cosmético que se emplea para colorear, dar espesor y alargar los pelillos que crecen en los párpados superior e inferior del ojo.

Puesto que la terminación de las pestañas es más clara y más fina que el principio, las puntas casi no se distinguen a simple vista. La sustancia colorante viscosa del rímel hace que estas puntas ahora se puedan ver y, por tanto, los ojos resulten más expresivos, y en muchos casos parezcan también más grandes. La coloración más oscura alarga las pestañas no de manera real, sino que produce el correspondiente efecto óptico. Sin embargo, algunos productos junto con los necesarios materiales colorantes y aceites, contienen también fibras de seda artificial y de nailon, de manera que no sólo hacen visible la longitud original, sino que producen también un alargamiento de los pelillos.

Hace ya miles de años los antiguos egipcios, pero también los babilonios y otros pueblos de lo que hoy se conoce como el Próximo Oriente, utilizaban el mineral antimonio. Se molía hasta obtener un polvo fino, se mezclaba con aceite y se aplicaba a las pestañas, de manera que éstas se veían más oscuras, más densas e incluso más largas. Por el contrario, las mujeres del Imperio romano utilizaban corcho quemado para realzar las partes alrededor del ojo.

La Edad Media, en el siglo XII, y el Renacimiento en los siglos XV y XVI, representan una excepción interesante. En estas dos épocas se minimizó conscientemente la importancia de los ojos, para poner en evidencia la frente y el escote. Muchas damas de alcurnia se arrancaban las cejas y las pestañas para permitir una mirada del todo libre de obstáculos sobre sus ojos.

Haciendo abstracción de estas excepciones, las pestañas y las cejas fueron siempre muy valoradas cuando se trataba de poner en evidencia la propia personalidad. No sin razón se desarrolló el rímel (*véase* el inciso marrón) como el cosmético usado con mayor frecuencia y a nivel mundial, y de lo cual la empresa Maybelline se aprovechó especialmente y sigue aprovechándose. Dicha empresa fue fundada en el año 1915 por el norteamericano Tom Lyle Williams (1896-1976), y le puso el nombre de su hermana Mabel, quien le dio la idea para la fabricación de un producto que oscureciera las pestañas y las hiciera visualmente más largas y fuertes. La importancia de este producto cosmético fue aumentando año tras año, y a partir de la década de 1990 ya es imposible pensar en su renuncia en el mundo femenino. Más de la mitad de las mujeres de todo el mundo utilizan regularmente una máscara, para mejorar la expresión de los ojos. No se prevé el fin de esta tendencia.

Aunque las pestañas tienen sobre todo una significación estética, también pueden darnos pequeños atisbos sobre la personalidad. Ciertamente no deberían ser sobrevaloradas, pero tampoco dejadas del todo sin atención. Su capacidad de información con relación al estado de salud es de gran importancia: las pestañas transmiten una información fundamental sobre la vitalidad y la constitución de una persona (*véase* pág. 85). «¡Expresa un deseo!», se dice frecuentemente cuando alguien sopla sobre una pestaña caída. Y el deseo a menudo expresado de tener salud tiene coherencia en este contexto.

A pesar de ello, conviene no considerar las pestañas sólo desde un punto de vista de la salud, sino que también hay que saber algo sobre su apreciación por parte de los fisonomistas y de los maestros del Siang-Mien.

Las pestañas largas

Las pestañas largas son como antenas sensibles y reflejan la fina sensibilidad de una persona. Sus poseedores son fácilmente impresionables o bien se asustan con frecuencia. A menudo estas personas tienen una gran creatividad y un poder de imaginación plástico. Las pestañas largas unidas a grandes pupilas embellecen a menudo a unas personas muy sensibles, que son sobre todo más emocionales que sus congéneres, y más fáciles de herir mediante la palabra.

Las pestañas cortas

Si las pestañas largas son un indicio de sensibilidad, los lectores chinos del rostro atribuyen lo contrario a las pestañas cortas. Éstas muestran una personalidad fuerte, pero también colérica. Las personas con esta característica se consideran de mal carácter. Sin embargo, algunos lectores del rostro destacan que esto es sólo una exhibición precipitada de reflexión, preocupación o seriedad.

Las pestañas ralas

Si las pestañas son finas, sueltas o ralas, se considera a su propietario como inactivo o muy desidioso. Esto afecta tanto a su movilidad física como mental. La causa es un estado de

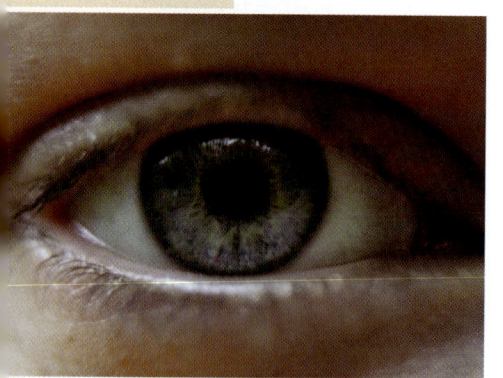

ánimo conservador, que hace que el poseedor se atenga a lo antiguo. No desea cambios, por lo cual en este tipo de personas toda forma de energía circula muy mal. Como ya hemos visto, la pérdida de las pestañas a menudo se acompaña de pérdida de vitalidad (*véase* el capítulo «El cabello y la salud», pág. 51), que subraya esta opinión de los fisonomistas.

LAS BARBAS

Mientras que las pestañas y las cejas son más bien una cuestión femenina, por lo menos en lo que se refiere a su cuidado y puesta en evidencia, hay un tipo de pilosidad que es preeminentemente una cuestión masculina: la barba. En el hombre crecen pelos no sólo en las partes del cuerpo que hemos nombrado hasta ahora, sino también en la barbilla, las mejillas y sobre el labio superior crece un tipo característico de pelo determinado por la edad. Como media hay cerca de 25.000 pelos en la barba que al año crecen entre 120 y 150 mm. Así no es el cabello el que crece con más rapidez en el cuerpo humano. Si no se afeitara la barba de manera regular, o por lo menos se recortara, de media la barba de un hombre podría alcanzar alrededor de 9 m. Los hombres europeos y los del Próximo Oriente son los que poseen por regla general el mayor número de folículos pilosos en esta parte de la cara, mientras que los asiáticos son los que menos tienen.

    Puesto que la capacidad de dejarse crecer pelos gruesos y tupidos en la cara es una característica masculina, la barba desde tiempos inmemoriales sirve a algunas personas para poner de relieve su masculinidad y su potencia sexual. Sin embargo, las barbas adquieren siempre un papel predominante y pueden por ejemplo dar una orientación sobre el rango, la pertenencia a un grupo o la posición social de la persona. La decisión de si un hombre debería llevar barba o no, a menudo depende de las costumbres, el derecho, la religión o las tendencias de la moda. Una señal de pensamiento desordenado o modo de actuar voluble es que la barba, por ejemplo, siempre estaba presente allá donde era normal el afeitado: quizás el hombre con barba estaba de luto, quizá le faltaba el tiempo para preocuparse de su aspecto, quizá simplemente no quería tomar en consideración las convenciones sociales…

LA OLIMPIADA DE LAS BARBAS

A la *World Beard and Moustache Championship* se le llama también la «Olimpiada de las barbas». En ésta los barbudos se reparten en 17 categorías, entre ellas junto con las variantes llamativas de estilo libre, hay también 8 diversas categorías de bigotes y 5 de distintas barbas completas. Cada dos años, un jurado internacional valora y premia el largo y el aspecto.

Pero ¿son las barbas sólo la expresión de un tiempo determinado, de una época y de un estilo? ¿Son realmente en la duda únicamente un justificante para la dejadez de quien se la deja crecer? Sabemos ya que las barbas pueden dar referencias sobre el estado de salud (*véase* el capítulo «El cabello y la salud», pág. 51). Otra significación mayor tienen las barbas en la lectura del rostro, sobre todo en cuanto a determinar la personalidad y el modo de ser de un hombre.

Casi nadie discutirá que una barba está destinada especialmente a llamar la atención. Puede dar una nota personal al propio carácter, como podría hacerlo el vestido o el peinado. Esta forma de manifestación la conocían también los hombres de numerosas culturas avanzadas de la Antigüedad, por lo cual ellos llevaban la barba con distintas finalidades.

Hace ya más de 5.000 años, durante la época del Imperio Antiguo (3110-2000 a.C.), los faraones de Egipto utilizaban perillas artificiales, a menudo de metales preciosos, para dar manifestación óptica a su reivindicación de poder. También disponían de largas barbas postizas tanto para hombres como para mujeres de alto rango.

Una barba real trenzada era frecuentemente expuesta en ocasiones ceremoniales, mientras otros soberanos se dejaban crecer perillas, que rizaban y coloreaban, o a las que añadían hilos de oro. Éstos no eran fenómenos puramente egipcios. En efecto, no sólo en el Nilo, sino también entre el Éufrates y el Tigris era habitual demostrar el poder colocándose una barba. En muchos pueblos, no sólo los reyes sino también los dioses se adornaban con una barba impresionante y un también impresionante peinado. Esculturas halladas en la antigua Asiria (hacia el 900 a.C.) muestran hombres con una barba que va de oreja a oreja. Los asirios llevaban sus barbas divididas en tiras de tres y hasta cinco pequeños bucles gruesos, que se teñían de negro. Pero no sólo hacían resaltar el pelo de su barba, también se teñían de esta manera las cejas y el pelo de la cabeza. Posteriormente en Persia los hombres aplicaban tonos rojos con los cuales pretendían que sus barbas fueran más llamativas.

Naturalmente, también hoy en día hay productos para teñir la barba que se pueden encontrar en las droguerías. Asimismo, hay cada vez más hombres que se deciden a lucir una barba –principalmente por cuestiones de virilidad, de estilo o de moda–. Para los lectores chinos del rostro hay en esta cuestión otro factor decisivo, es decir, que quisieran hacer depender el hecho de llevar una barba por cuestiones de equilibrio, del principio del yin y del yang, que representa dos fuerzas contrarias polarizadas y, sin embargo, relacionadas. Según este principio, ni la parte femenina yin ni la masculina yang deberían ser sobrevaloradas, ya que una barba no ha de suponer una traslación de fuerzas de la personalidad. Así, se aconseja a un hombre con rasgos faciales finos, que tiene una parte femenina desproporcionada, que lleve una barba, mientras que uno con destacados rasgos masculinos, así como una quijada grande y angulosa, o fuertes huesos maxilares, no debería lucir una barba, porque por otra parte un hombre así presenta sus rasgos masculinos sobredesarrollados, y los irradia y probablemente también los vive.

El intercambio entre yin y yang, y por ello entre las partes femeninas y masculinas, es también un intercambio entre soñador y guerrero. Es por consiguiente deseable, en el sentido de la filosofía china, unir los dos aspectos y vivir armoniosamente. En efecto, cuando la persona está equilibrada tiene otros atractivos.

En estas condiciones es interesante observar cómo la barba es tratada en gran medida como una señal de atractivo. Éste es el caso del hombre que destaca entre la multitud a causa de la vellosidad

LA BARBA MÁS LARGA

La barba más larga conocida es la del canadiense Sarwan Singh. Según el libro *Guinness de los Récords*, en 2010 su barba se midió en Roma y medía 2,495 m. El bigote más largo es el de Ram Singh Chauhan y mide 4,29 m. El indio cuida su bigote cada día con mostaza y aceite de coco. Los dos titulares de los récords pertenecen a la comunidad religiosa de los sikh, que están obligados a no cortarse el pelo.

del rostro, cuando a su alrededor se encuentran sobre todo hombres afeitados. Investigadores de la Universidad de New South Wales, en Sydney, publicaron en 2014 un estudio en el cual habían presentado por Internet fotos de 213 hombres y 1.453 mujeres con distintos grados de vellosidad en la cara.* Los participantes tenían que calificar el atractivo de los rostros. Antes de la calificación habían visto fotos de hombres ya sea con barbas o afeitados. En total los participantes, que antes habían visto hombres afeitados, calificaron a los barbudos marcadamente mejor que a los hombres sin barba. Pero, ¡cuidado! El atractivo de los barbudos recayó claramente en el grupo en el que el número de ellos era más elevado que el de los afeitados.

Sin embargo, la simpatía por los barbudos no se da sólo en Australia, también en nuestro país más de la mitad de los alemanes encuentran atractivos a los hombres barbudos. En efecto el 61 por 100 de las mujeres interrogadas, y el 49 por 100 de los hombres encuestados dijeron que encontraban atractiva una barba cuidada. La preferida era la barba de tres días, que el 62 por 100 de los hombres y el 66 por 100 de las mujeres hallaron atractiva.** Después de eso le siguen la valoración de las mujeres para la barba completa (34 por 100) y para el bigote (33 por 100). Apartada al final de la escala del atractivo se encontraba la barbita de cabra (18 por 100) y la barba en herradura o mongola (13 por 100). Entre los encuestados hombres el resultado era exactamente el contrario: consideraban atractivos los

---

* Véase: www.royalsociety.org/news/2014/to-beard-or-not-to-beard, Stand, 6-8-2015.

** Véase: yougov.de/news/2015/05/20/manner-und-frauen-mogen-barte, Stand, 6-8-2015.

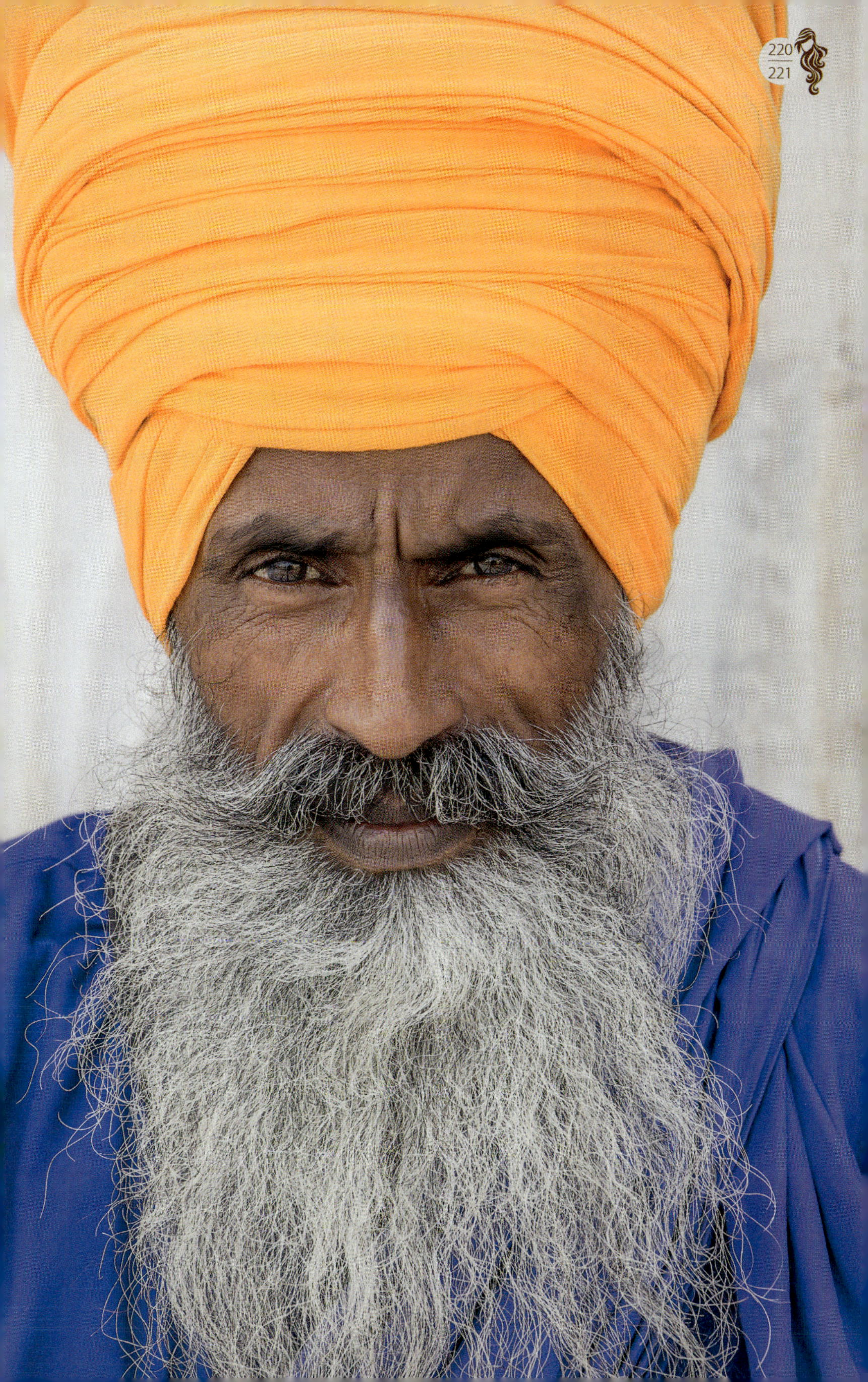

LA BARBA DEL AÑO 2014

La Barba del Año 2014 excepcionalmente no pertenecía a un hombre prototípico, sino a la Drag-Queen austríaca Conchita Wurst. Como participante en el concurso de canto de Eurovisión de Copenhague, su salida a escena con vestido blanco y barba negra causó sensación. Su título triunfador fue *Rise like a phoenix*, que más tarde presentó también al secretario general de las Naciones Unidas, Ban Ki Moon.

bigotes, las patillas y las barbas. Sólo sobre la barba de tres días estaban de acuerdo los dos sexos en su preferencia. Estos resultados sobre la encuesta que el Instituto de Opinión YouGov había llevado a cabo en mayo de 2015 entre 1.350 personas tuvo que alegrar a los muchos barbudos alemanes. Por otra parte, en 2015 el 45 por 100 llevaba barba, es decir cerca de la mitad de los hombres alemanes.

Las barbas pueden cubrir el surco naso-labial, los labios, la mandíbula y la barbilla. De esta manera, se ocultan marcas que puedan existir en la cara, y por tanto signos delatores de la personalidad de un individuo, por lo cual quedarán ocultos indicios importantes para comprender la moralidad, los ideales, la capacidad de imponerse, de amar e incluso el estado de salud del poseedor de la barba. Sin embargo, no deberíamos dejarnos desanimar, porque la barba puede decirnos algo sobre la personalidad en cuestión. El interior se refleja fácilmente sobre esta forma de representación exterior, y quizá sea una manera consciente de proyectarse hacia fuera. Sólo hemos de conocer el significado de las distintas formas de barba, para comprender mejor a la persona que expone su personalidad a través de ella.

Los bigotes

Los bigotes son el pelo que se encuentra encima del labio superior. Es casi siempre lo primero que crece, que aparece en el rostro de un joven. En muchas técnicas de lectura del rostro, pero también en otras áreas, se relaciona la zona del labio superior con el abdomen –pensemos en el llamado arco de Cupido, la línea en forma de corazón en el limbo superior del labio, o en el surco nasolabial o *filtrum* (del griego antiguo: magia del amor), la acanaladura que hay entre el labio superior y la nariz–. Que ya en la pubertad aparezca la primera barba tiene

en primer lugar un significado más profundo, si pensamos que en esa fase de la vida se producen las mutaciones definitivas en el abdomen del joven hombre, que están relacionadas con los cambios que tienen lugar en la cara. Pero quien se deja crecer esta forma de la barba durante la pubertad quiere dejar constancia de su masculinidad: «Mirad, ya no soy un jovencito, soy mayor y quisiera formar parte del grupo de los adultos y ser tenido en cuenta».

El hombre que cuida especialmente su bigote, lo recorta o lo retuerce con cuidado será interesante. Si durante el día manifiesta una gran creatividad, habrá que reconocerle mucha fantasía y una gran riqueza de ideas. A ello añade el deseo de autorrealización y de una fuerza creativa y de decisión. Esto vale también para los bigotes afeitados finos, que muestran algunos milímetros de piel entre la nariz y el labio superior. Estos bigotes caracterizan a un hombre sensible. Pero, ¡cuidado! Estas personas pueden inclinarse por el narcisismo.

Si el bigote crece más bien salvaje y poblado, el portador puede estar fascinado por su propia masculinidad o bien intenta subrayar su propia independencia y dureza. Ocasionalmente, sin embargo, el bigote tupido puede atribuirse a un cuidado del cuerpo negligente.

Cuando el bigote cubre el labio superior es señal de que el dueño desea ocultar sus sentimientos. Como sabemos por la ciencia de la fisonomía, pero también por la lectura china del rostro del Siang-Mien, así como por los lectores sudamericanos del rostro (*Lectura del Rostro*), el labio superior representa el ideal, lo creativo y lo emocional. El cubrir el labio superior con pelos es, pues, para los lectores del rostro de distintas culturas una clara indicación de que el portador no desea que se conozca su mundo afectivo. Por el contrario, si el labio superior está visible, rodeado por el bigote pero no cubierto por él, simboliza la disponibilidad a dejar libre curso a los sentimientos.

La barba redondeada

Es la que cabe en el concepto de barba corrida o completa, ya que frecuentemente estas barbas proliferan algo en lo externo y pierden, pues, su forma redondeada original, de manera que este concepto es bastante acertado. El crecimiento de esta barba significa que el portador está muy interesado en sus congéneres. A esto se añade que esta barba está relacionada también con la figura de Santa Klaus, que se acerca a las personas y les entrega regalos. En el caso ideal se trata de una persona social, que se interesa por los demás. Si el dueño de la barba completa es además de estatura importante y provisto de una barriga considerable, se comporta frecuentemente de manera agradable, seductora y nunca agresiva –recuerda un oso bonachón–. Pero, ¡cuidado! Esto no es necesariamente cierto de un modo general. Los portadores de una barba completa son más bien sociales, volcados en el disfrute de sus congéneres, pero también se pueden encontrar en este grupo tipos misántropos. Para reconocer a este tipo, para los lectores del rostro son decisivos los ojos, sobre todo la mirada. ¿Son brillantes, radiantes, cálidos y amigables, quizá también curiosos? O ¿su mirada es punzante, furtiva y desafiante?

La barba de tres días

En realidad, la barba de tres días es una versión «juvenil» o acortada de la barba completa. También esta persona está interesada en sus congéneres, así como el dueño de una barba completa también se preocupa por los demás y está a su disposición. Pero en el caso de esta barba existe un rasgo característico rebelde y aventurero y tiene formado un fuerte ego. En efecto, junto con el interés por las personas, para él es importante una independencia y un rechazo de las obligaciones. La flexibilidad y la libertad de decisión son muy importantes. Los tipos amantes de la libertad, salvajes, que encuentran la barba completa incómoda, se sentirán felices con esta versión.

La barba recta

Es una barba que no es ni redondeada ni en punta, sino que ha sido cortada recta al final, y los lectores del rostro la llaman barba recta. Con frecuencia la llevan hombres que se presentan conscientes de sí mismos por sus ideas, sus percepciones y sus puntos de vista. Dan más importancia a la moralidad y los valores que su entorno real. Por ello están muy poco interesados en socializarse, pero son muy profundos. Entre los que llevan esta barba están muchos filósofos, científicos, pero también fanáticos religiosos.

La barba en punta

Es característica de los hombres dominantes y orientados hacia el poder. Ya en la Antigüedad los jefes, los reyes y los caudillos se presentaban con barbas en punta. También las preferían los jefes religiosos, los druidas y los primeros «médicos». Los portadores de barbas en punta quisieran mandar y decidir, para ellos es importante el poder y la autoridad. No tiene importancia el tamaño y el tipo de barba en punta que adorna la barbilla. Las características mencionadas valen también para quienes lucen sólo una pequeña barba insinuada bajo el labio inferior, que puede también ser triangular.

La barba de chivo

En base a la similitud visual este tipo de barba ha cogido el nombre de la cabra. Pertenece al grupo de las barbas en punta, y sus portadores poseen un número de similitudes con los portadores de barbas en punta «puras». En ellos está muy marcado el deseo de mando y de realización. Además, son conocidos por su oposición y su voluntad de resistencia. Pero esta fuerza de oposición no debe manifestarse sólo en aspectos relacionados con la capacidad

de carga y la salud, sino que pueden también significar que el portador muestra una actitud hostil, o intenta oponer una actitud hostil con todos los medios. La barba hace destacar la barbilla que representa los valores, la moralidad y la capacidad de resistencia, y concede al eventual portador mayor dominio.

La barba que rodea la boca (bigote y pera)

Este tipo de barba permite la vista libre de la mandíbula y de las mejillas. No sirve, pues, para ocultar una posible pretensión de poder, pero tampoco está excesivamente destacada –el ideal del compromiso–. El portador de esta barba se concentra en otros valores: seguridad, orden y plazos asumibles. No le gustan los imprevistos. Puede fácilmente encuadrarse en organizaciones preexistentes. Ésta es quizá también la razón por la cual esta barba es tan frecuente entre autoridades y funcionarios y se define como la «barba de la autoridad».

El bigote en manillar

Los hombres con un bigote en manillar son en su mayor parte individualistas muy creativos. Pero aquel que exterioriza tanto su creatividad debería tener cuidado con no ser considerado fatuo o narcisista. Si bien los que llevan el bigote en manillar atribuyen gran valor a cuidar su masculinidad, a causa de su extravagancia visual ponen en evidencia su parte femenina, llena de fantasía y acentuada sensibilidad. Se secan el bigote con secador, lo cepillan y curvan de manera uniforme, dedicándole mucho tiempo delante del espejo. Los espráis para el pelo y las cremas son herramientas importantes. Los portadores del bigote en manillar se organizan en grupos e incluso hacen campeonatos para decidir quién lleva el bigote más vistoso. A nivel mundial desde 1990 se hacen campeonatos para conceder el premio al bigote más vistoso (*véase* recuadro, pág. 218).

La mosca

La así llamada mosca se encuentra ahora sólo muy raramente, sobre todo debido a la fama de «bigotito de Hitler» y al recuerdo negativo relacionado con él. ¿Qué hombre hoy en día luciría ese bigote? Sin embargo no es justo que la mosca cargue con ese

sobrenombre, porque ya antes de Adolf Hitler (1889-1945), que a los veinte años lucía un mostacho, hubo importantes «portadores de mosca», como por ejemplo el rey de Prusia Federico I (1657-1713), o importantes actores de Hollywood como los cómicos Charlie Chaplin (1889-1977) u Oliver Hardy (1892-1957). Hoy en día el más conocido representante sería el dictador africano Robert Mugabe. Todas estas personalidades tienen una cosa en común: el deseo de llamar la atención y la fuerza de atracción. La mosca es la manifestación visual de esa ambición. Cubre o reemplaza el surco nasolabial, o *filtrum*, cuando éste no existe o es poco evidente. Según los chinos, el *filtrum* es un punto de atracción, la «protuberancia del poder», y cuando está bien marcado, ejerce una gran influencia subconsciente sobre las personas.

Las patillas

Las patillas pertenecen a la categoría de «barba a la inglesa» y se encuentran muy distintas variantes, pero siempre destacan el maxilar y de esta manera pueden ser muy anchas. Éstas le confieren al portador una impresión de fuerza y de autoafirmación –unas características que este hombre (aunque de manera inconsciente) también quiere transmitir–. La expresión alemana *Koteletten* se deriva del francés *côté*, que significa 'lado'. Los norteamericanos, por el contrario, utilizan la palabra *sideburns*, que se remonta al general de la guerra civil Ambrose Burnside (1824-1881), que lucía una imponente barba a la inglesa. También existió un famoso portador de patillas: Elvis Presley (1935-1977), quien al final de su carrera lucía este tipo de patillas.

El bigote en herradura

También conocido como bigote mongol, debe su nombre a su forma. Este mostacho alargado rodea la boca como una herradura, y llega casi hasta el comienzo de la barbilla. Quizás el portador crea que este bigote le traerá suerte, como se dice también de los poseedores de una herradura. Pero en cuestiones relacionadas con el atractivo sucede más bien lo contrario: según las encuestas se halla abajo del todo en la escala de la popularidad (*véase* pág. 220). Es difícil establecer si esto se debe únicamente al parecido  con los salvajes jinetes de las estepas que llegaban de Mongolia, que en un tiempo causaron miedo y terror en Europa, o quizás al hecho de que alargar el bigote en dirección a la barbilla da al rostro una apariencia de descontento, pesimismo o incluso agresividad. Lo cierto es que este bigote situado sobre la comisura de los labios girada hacia abajo, o alrededor de las arrugas que se encuentran al lado de la comisura de los labios, como lo vemos en la canciller de la República Alemana Angela Merkel, no confiere un aspecto favorable. Los lectores del rostro ven en los portadores del bigote en herradura un gran potencial de frustración, ira o contrariedad. En todo caso, las emociones negativas y los conflictos interiores tienen en sus vidas un papel fundamental. De manera subconsciente quienes lo lucen dan expresión a estos aspectos con la elección de su bigote.

La barba escasa

Los lectores del rostro europeos no atribuyen ninguna posibilidad de interpretación a estas barbas, mientras que los lectores chinos sí. Se dice que esta barba da relieve a una persona que no consigue hacer valer sus habilidades. Puesto que esta forma de barba irregular es muy frecuente en Asia en las personas mayores, su existencia se ha de atribuir probablemente a las limitaciones físicas de la edad. Sin embargo, el Siang-Mien encuentra esta tendencia también en hombres jóvenes. A menudo estas personas, en última instancia, son temerosas porque en ellas está muy radicado el miedo al fracaso. No obstante, si el portador no está inseguro en sus decisiones, sino que es impulsivo, los lectores chinos del rostro le atribuirán una cierta inestabilidad o volubilidad. No es una persona que

lleve a cabo sus acciones de manera ordenada. Pero también la melancolía y el predominio de los ideales causarán en el portador un crecimiento escaso de la barba –características de la personalidad que atribuimos también al revolucionario Che Guevara (1928-1967), inmortalizado en carteles, pegatinas, banderas y camisetas–. El Che no fue sólo un revolucionario marxista, jefe de guerrillas, médico y autor, desempeñó también el cargo de ministro de industria en el gobierno post-revolucionario de Fidel Castro, y fue director del banco central cubano.

OTRAS VELLOSIDADES DE LA CARA

Pelos de la nariz y las orejas

Junto al cabello, las cejas, las pestañas y las barbas podemos encontrar otros lugares en los que se ocultan a veces pelos escasos o en ocasiones excepcionales pueden también brotar de manera llamativa. En el caso del hombre tenemos los que crecen en la nariz o en las orejas. A la mayor parte de los hombres les resultan muy molestos, y les reducen el atractivo que puedan tener. Sin embargo, hay otra causa que es importante: con el paso de los años aumenta en el hombre el número de estos pelos, por lo cual son un indicador de una mayor edad y con ello de una creciente pérdida de energía –y ¿a quién le gustaría llevar este dato claramente escrito en la cara?–. Desde el punto de vista científico, todavía no se ha podido explicar por qué a partir de los 30 años se produce un claro aumento. Naturalmente esto está relacionado con el diferente contenido de hormonas, pero ¿cuál es el sentido de esto? ¿Qué función tiene prevista el cuerpo para este tipo de pelos?

Los pelos de la nariz sirven como filtros de aire, eso está claro. Para los maestros chinos de Siang-Mien su pérdida no deseada es además una mala señal para la respiración de la persona afectada. Por el contrario, un aumento considerable demuestra el deseo de más energía, fuerza vital y experiencia. Las personas a las cuales «el tiempo se les escapa», y que se sienten empujadas por los compromisos, están también afectadas como personas amantes de la vida o, de vez en cuando, también como las masas de personas acorraladas por el deber.

Cuando los pelos brotan no dentro de la nariz sino encima, es una indicación del estado de salud. Junto a causas hormonales, puede haber también una importante disfunción de los órganos relacionados con la respiración, o el estómago (pelos en la punta de la nariz). Por consiguiente, la persona afectada debería consultar con un médico para establecer si hay flemas o enfermedades del estómago.

En muchos hombres de edad avanzada pueden crecer los pelos también en las orejas. Por este motivo, los órganos del oído quedan muy pronto «obstruidos». Originalmente debían impedir a los insectos entrar en el oído. Pero ¿por qué estos pelos crecen sólo en la vejez y no en los niños, o en los recién nacidos, que se enfrentan al entorno desvalidos? Según los lectores chinos del rostro, esos pelos mantienen alejada alguna otra cosa: «las palabras inoportunas». Las palabras no deberían llegar a la cabeza sin haber pasado por un filtro, para allí sobrecargar el mundo del pensamiento, por lo cual muchos maestros chinos ven la mata de pelo que brota del interior de las orejas como un escudo protector. Aquí alguien podría protegerse, taparse la cabeza y hacerla estanca. Podría hacer todo esto no al mismo tiempo, sino sólo lo que la persona considere importante.

El vello de la cara

El vello sobre las mejillas de las mujeres es el equivalente del pelo en la nariz o en las orejas de los hombres, que en la lectura del rostro no se compara con la barba. Este vello raramente es grueso, oscuro o llamativo, y ocasionalmente se hace visible sólo en presencia de una fuerte insolación. Casi siempre constituye una pelusa casi transparente, que en su estructura es más bien blanda y flexible. Este vello en la cara femenina empieza en el maxilar inferior y «emigra» a las mejillas y en

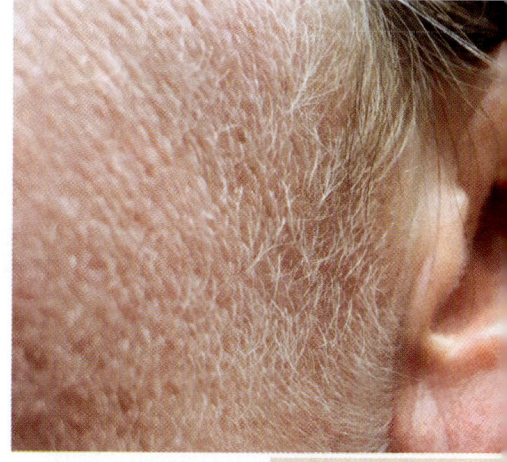

dirección a los ojos, por lo cual su intensidad disminuye fuertemente. Según la lectura china del rostro, las mejillas se consideran «el cojín de la fuerza» –por ejemplo los pómulos altos significan «inclinación al mando»–. Un vello más suave sobre «el cojín de la fuerza» representa una relación escrupulosa entre poder y responsabilidad, y muestra una persona sensible y fácilmente vulnerable. A la mujer que se quita este vello, probablemente llevada por un ideal de belleza superficial, en su subconsciente le gustaría no ser tan vulnerable y sensible como en realidad es.

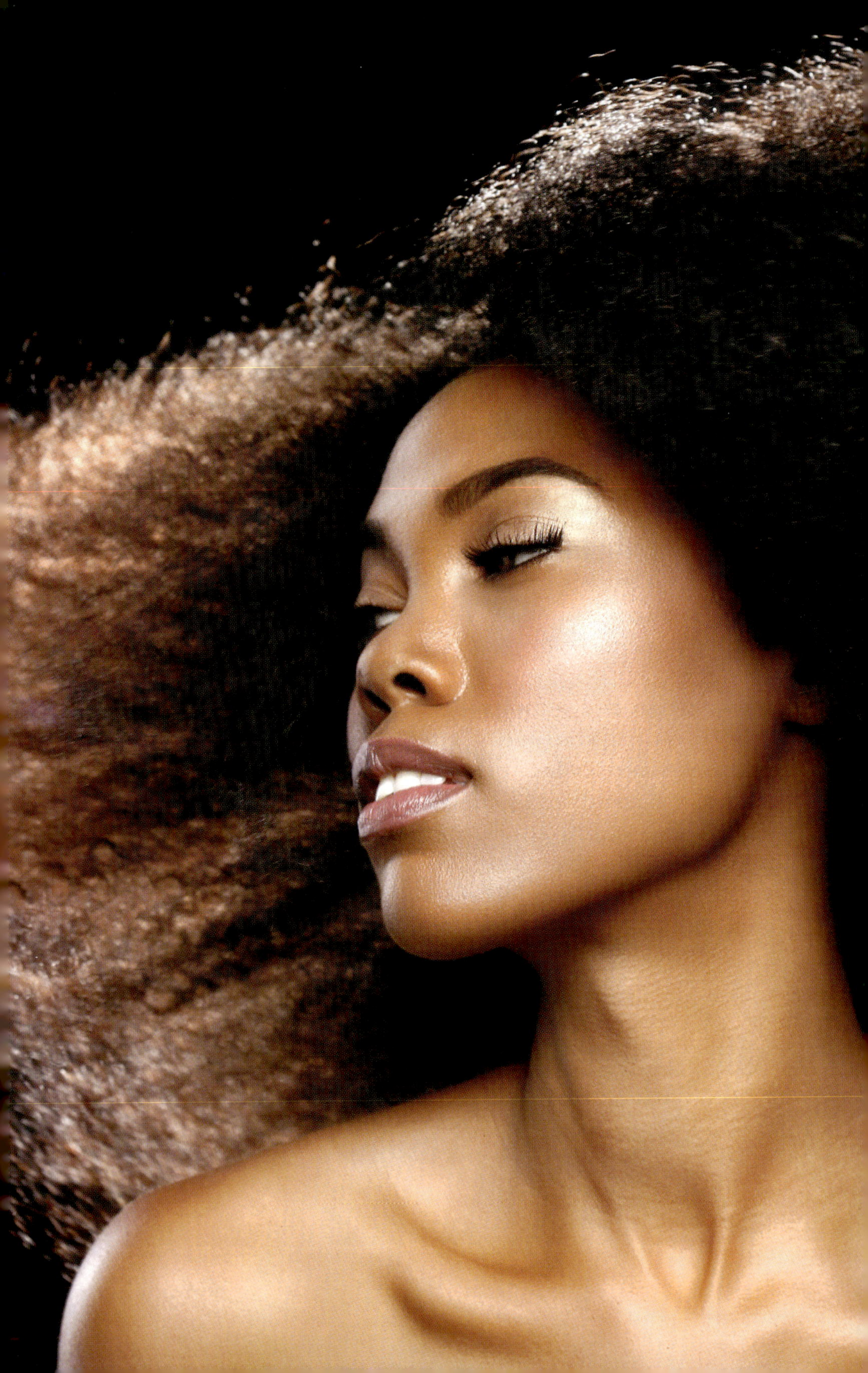

CONCLUSIÓN

La lectura del *pelo*

DOS EJEMPLOS

Al terminar este libro hemos conseguido mucha información sobre el tema del cabello. Sin embargo, ¿hemos profundizado y sabemos cómo utilizarla de manera adecuada? Los siguientes dos ejemplos pueden aportarnos algunas aclaraciones sobre el tema. Además, se verá lo útil e impresionante que puede ser la lectura del cabello. Quizá, se nos manifieste que una opinión preconcebida sobre una persona estaba equivocada. Quizá, las informaciones conseguidas con la lectura nos refuercen en nuestra evaluación, o nos confirmen en nuestro instinto y nuestra percepción más visceral. En todo caso, nos acercaremos mucho al ser de la persona que ya está sentada o de pie delante de nosotros.

Una ojeada rápida

Es importante que, en primer lugar, consigamos una impresión de conjunto de la persona sobre la que hemos de hacer la lectura. ¿Qué tipo de cabello tiene? ¿Qué aspecto? ¿Qué peculiaridades? Sólo después de esto pasamos a profundizar y reflexionamos sobre los mensajes que pueden ocultarse tras las apariencias.

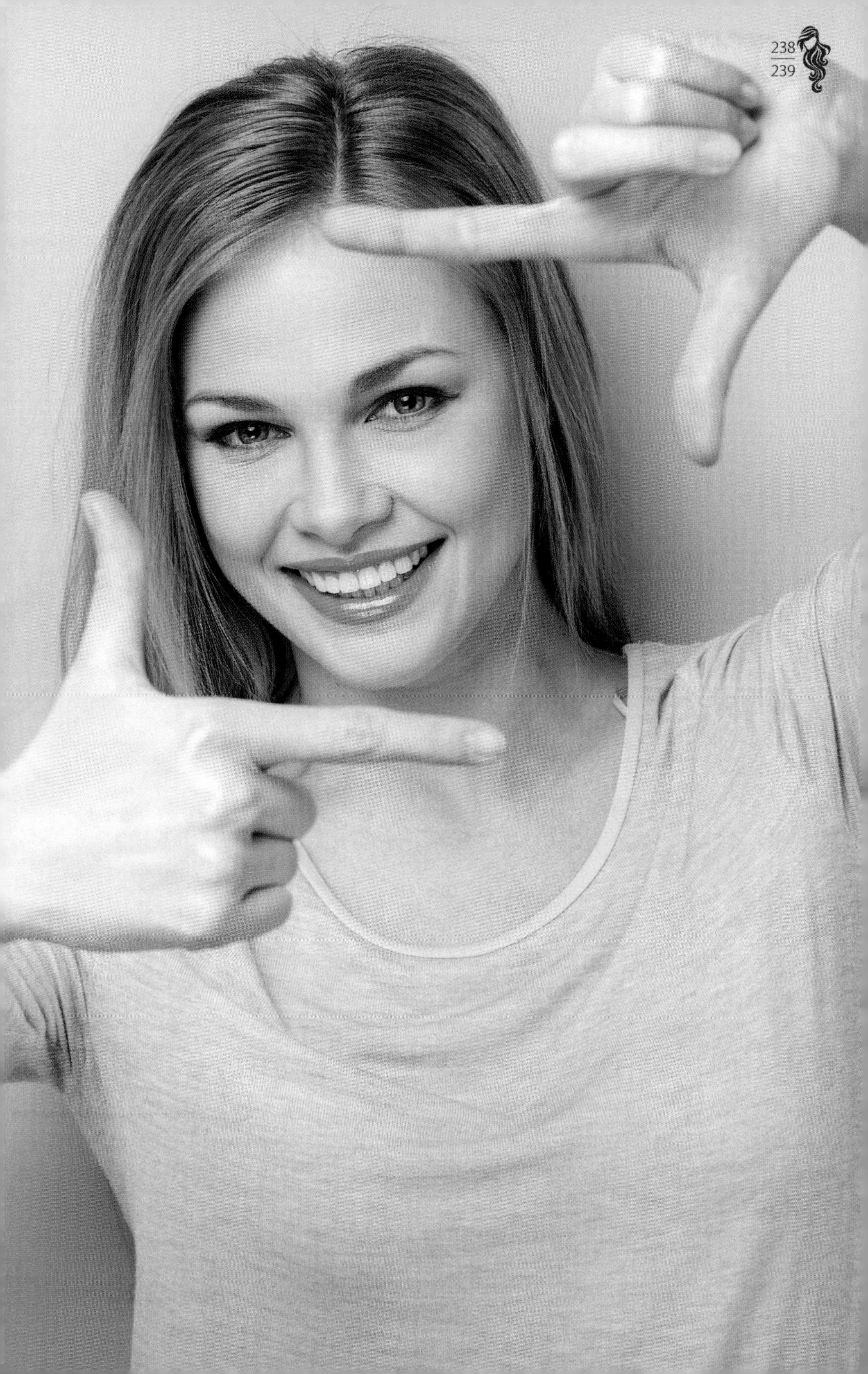

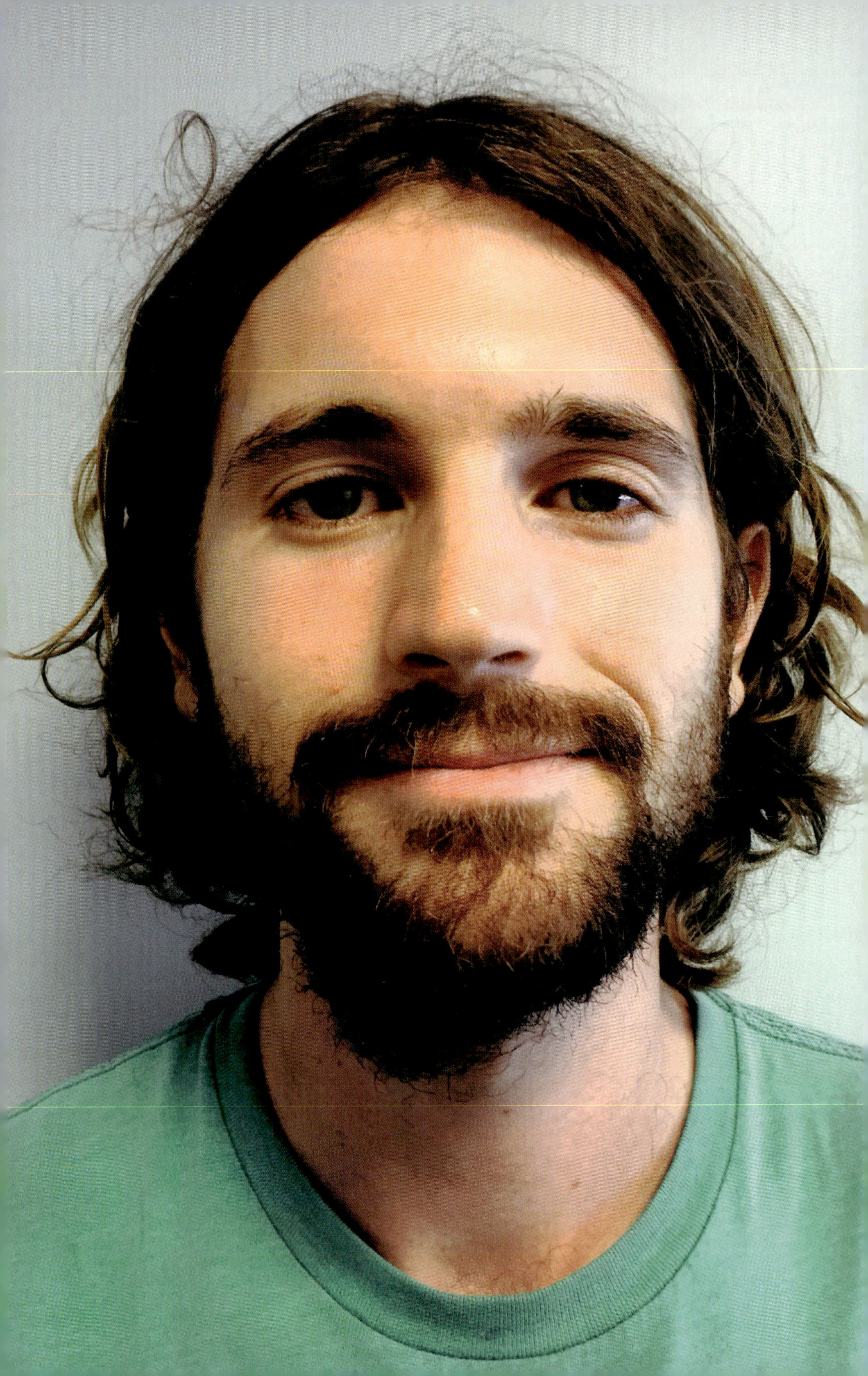

PRIMER EJEMPLO
Análisis

En la foto vemos a un joven varón adulto. Su edad ha de rondar el final de la veintena. Su pelo largo se riza en las puntas. No se dobla hacia la cabeza, sino que parcial y claramente se aleja de ella. Nuestro hombre tiene el pelo fino, castaño, con la raya en medio, lo cual es bastante inhabitual en un varón. El comienzo del pelo forma una media circunferencia en el sentido de «corona de la cabeza».

Su barba completa está bien definida, sin embargo en la proximidad de las mejillas presenta algunas «zonas claras», de manera que no cubre toda la superficie de la piel de la cara. Por el contrario, en la parte del labio superior, el bigote está poblado y tiende a cubrirlo, cosa que todavía no ha conseguido del todo.

Las pestañas son largas y finas. Para el lector del rostro no acostumbrado, esto puede no ser reconocible en una foto, pero la poca separación de las abundantes pestañas nos da una indicación. Las cejas son más difíciles de definir, ya que en ellas hay una variedad de formas y la ceja derecha se presenta distinta de la izquierda. Es cierto que ambas son del tipo «cejas con crecimiento hacia afuera de los pelos», y muestran su crecimiento en dirección al párpado, de manera que la zona intermedia tiene cada vez más pelos, sin embargo la ceja izquierda se presenta distinta de la otra en el arranque de la raíz de la nariz. Los pelos del lado izquierdo que salen sueltos muestran inicialmente una ceja que crece en vertical.

Interpretación

Nuestro punto de mira debería ceñirse especialmente a los pelos de la cabeza y la cara, sobre todo a la combinación de pelo largo y la raya central, que muestran a un idealista e indican sensualidad, romanticismo y creatividad. Denotan al soñador, que no se preocupa si su conducta es conforme a las normas sociales o no. Los extremos no le son ajenos. A menudo, pasa de una melancolía tranquila a un temperamento exuberante.

Básicamente es un tipo lleno de vida y cordial –eso lo demuestran sus rizos–. Es una persona de miras amplias, que en un momento de entusiasmo puede mostrarse dadivoso. Como portador de una barba completa con mirada cálida, él ama a las personas, pero le gustaría que también le quisieran. Se encuentra bien entre ellas, pero de vez en cuando necesita su propio espacio. Su pelo ondulado muestra que en general él habla de buen grado sobre emociones y sentimientos, pero por favor, que no sean los suyos.

Completamente de acuerdo con su cabello fino, él no se decanta por lo grosero, más bien al contrario: su ser sensible puede ser lastimado con facilidad. Rápidamente se aplica las declaraciones de otros a sí mismo y tiende a tener reacciones desmesuradas. A menudo, es más emocional que sus congéneres y por ello más fácilmente vulnerable. Él es consciente de esta «debilidad». Desea el equilibrio, no sólo para él mismo sino también para su entorno, por lo cual en cuanto se siente interiormente equilibrado, quisiera transmitir este sentimiento. Esto lo demuestra a través del trazado consciente de su raya central. Quiere tener las cosas controladas, y se ha prometido la perfección, el perfecto equilibrio. Pero su barba más rala en algunos puntos muestra que puede también inclinarse por la volubilidad, y como consecuencia conceder más atención a las cosas por las cuales tiene un interés. Y entonces se dedica a ello con todo su entusiasmo.

La separación de sus propias raíces no se le hace difícil, en cuanto portador de «la corona de la cabeza». Con todo, como idealista creativo él mismo estructurará su vida y su entorno. En correspondencia con la implantación de su pelo se ha prometido también la autorrealización, el crecimiento personal. Pero su espíritu cultivado y creativo da importancia a la calidad antes que a la cantidad, por lo cual no busca ganancias materiales. Le impulsan mucho más la inteligencia y la sabiduría de vida. Su creatividad y su poder gráfico de imaginación están a su lado apoyándole.

Para él es importante educarse para ser perseverante y, a pesar de su inestabilidad, poder llevar a cabo un proyecto. También aspira a no ser inconstante y no entregarse demasiado rápidamente a lo «nuevo». Cuando lo consiga, despertará a la vida no sólo con su creatividad, sino también con su pragmatismo, sus visiones y sus sueños despierto, y a partir de ahí conseguirá infinitamente mucha alegría y seguridad en sí mismo.

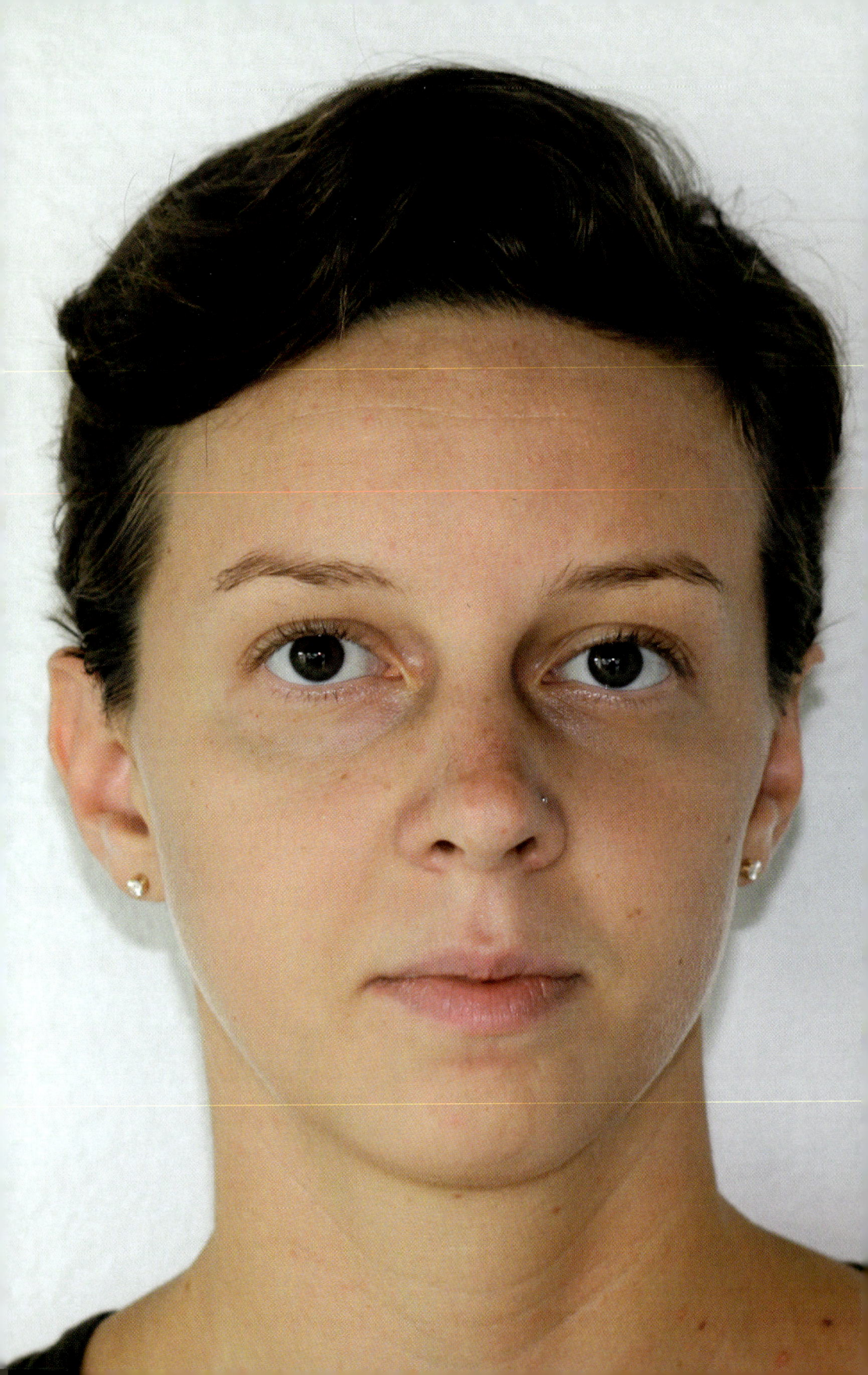

SEGUNDO EJEMPLO
Análisis

La foto muestra a una mujer joven, cuya edad puede estar sobre los 20 años. El pelo corto, que le da un aspecto juvenil, sin embargo hace difícil una apreciación unívoca. El pelo castaño es ondulado, y podemos definir su corte como una variante muy moderna del *wavy look*, el pelo ondulado. La raya lateral está a la izquierda, de manera que el cabello cae sobre la derecha. En la foto es difícil de apreciar, pero las ondas se inclinan por convertirse en rizos, por lo cual siempre puede deslizarse un rizo solitario sobre su frente.

La línea del pelo, es decir el arranque, muestra una forma ligeramente redondeada. Las cejas son pequeñas y separadas. Fijándose bien se reconoce una pelusilla casi transparente que cubre la zona del maxilar y de la mejilla. Las pestañas son de longitud media y, por tanto, tienen poco valor informativo.

Interpretación

Las mujeres que llevan el pelo corto cuentan en la medida precisa con conciencia individual, pero a veces el pelo corto puede también significar que se trata de una persona más bien débil, que desde su posición quisiera romper con la represión. Entonces es necesario plantearse unas preguntas concretas: ¿Se ha hecho un corte de pelo en la última mitad del año? En este caso la respuesta es sí. Hace apenas pocos meses esta mujer todavía lucía un pelo largo, que estaba cuidadosamente alisado y sólo en las puntas presentaba unos rizos sueltos. Con la siguiente pregunta se hace evidente que la joven se encontraba todavía con una relación insegura, más una *single* amante de la libertad que compañera de vida atada, y que en el ámbito profesional dominaba mucha inseguridad. Esta joven se decidió, pues, a romper con los modelos y exigencias que había aceptado hasta entonces. Asumió de manera consciente una relación de compromiso fijo y empezó casi al mismo tiempo una nueva carrera profesional. Su deseo de cambios profundos y decisivos era, pues, grande y se mostraba también a través de su peinado.

Como persona pragmática ahora ha escogido un peinado que expresa exactamente estas características. Su cabello ondulado la presenta como una mujer moderna y consciente de sí, a la que no le asusta enfrentarse a las cosas. Su jefe aprecia su inteligencia y su perseverancia. Asume sin dificultad su responsabilidad y se preocupa de manera ejemplar de lo que le confían –y esto no sólo profesionalmente, sino también en lo privado–. Las características esenciales, como fiabilidad, accesibilidad, lealtad, flexibilidad y formalidad, que van unidas a su cabello castaño, ella las pone en valor no sólo en la profesión, sino también en su vida privada, pues es leal y equilibrada.

Sin embargo, a menudo su pragmatismo y su actividad decidida ocultan una persona muy sensible. Sus cejas cortas muestran que es muy emotiva y que dispone de una buena intuición. No quiere ser vista sólo como una «guerrera» o una «luchadora», por lo que destaca también su lado femenino. Esto lo vemos en su raya lateral. Se encuentra a la izquierda y, por tanto, pone en evidencia su lado derecho, femenino. Gustosa de vez en cuando renuncia a su papel de persona de acción y deja que la cuiden y la mimen –y esto lo pone en evidencia su peinado, que representa tanto la tradición como la modernidad, el compromiso de una relación firme, y una planificación bien enfocada de la carrera–. La separación de lo viejo, que era indispensable para la nueva planificación de vida, no se le hizo difícil, ya que, como portadora de un peinado *wavy look*, no le representaba ningún problema separarse de lo viejo. Pero esto también significa que para llegar a acuerdos está dispuesta a hacerse a un lado y prefiere separarse de algo problemático que enfrentarse a ello. Es cierto que en este caso se ha atado, sin embargo su deseo principal de despreocupación y espontaneidad está fuertemente expresado. Su estilo de vida se corresponde con su peinado, elegante, sereno y despreocupado. Sus encuentros con otras personas son abiertos y tolerantes, es jovial, siempre interesada en lo nuevo, deseosa de aprender y curiosa.

Menos positiva es la impaciencia ligada a su práctico peinado, que se acomoda también a sus cejas cortas y alguna vez significa asimismo una ligera irritabilidad. Las cejas separadas entre sí nos indican que está muy abierta a lo nuevo. Necesita cambios continuos, no la rutina. Pero esta impaciencia no debería llevarla a convertirse en una solitaria. La convivencia ya iniciada habla más bien de un deseo de compromiso y de vida en común estable. A pesar de ello, nunca «perderá» su deseo de cambio permanente. Esta joven mujer permanecerá siempre fiel a sí misma.

SOBRE EL AUTOR

Eric Standop

Pedagogo diplomado, inició su carrera profesional en la rama del entretenimiento como periodista y moderador de radio. Muy pronto, consiguió un ascenso a un puesto superior. Trabajó en varias empresas y, por último, desempeñó funciones directivas en el ámbito de los juegos de ordenador. En el punto más alto de su carrera, las enfermedades y la superficialidad del ramo pusieron fin abruptamente a su profesión.

Eric se sentía desgraciado. Cambió de actitud y se dedicó, por interés personal, al estudio de la nutrición, técnicas de relajación y la lectura del rostro. Por este motivo, viajó por todo el mundo y encontró un mentor en un anciano y paciente maestro de lectura del rostro, que le enseñó la técnica durante años. Gracias a él comprendió que la salud y la nutrición, pero también la personalidad y el talento se manifiestan en el rostro de cada persona. Amplió y completó estos conocimientos en sus viajes por Sudamérica y Asia, donde tuvo intercambios con otros lectores del rostro y aprendió con maestros del ramo. Sus conocimientos en el ámbito de la lectura del rostro los completó con temas como el amor y la sexualidad, objetivos vitales y destino, y con la descodificación de la mímica, la gestualidad y el lenguaje corporal para conocer el estado emocional de una persona.

Hoy día, muchos años más tarde, Eric Standop como lector del rostro asesora a personas en Europa y Asia. Fundó la Face Reading Academy, donde interesó a personas de todas las profesiones, edades y procedencias, en todos los aspectos parciales de la lectura del rostro. Para ello utiliza el enfoque conocido en Europa, junto con el Siang-Mien, la lectura china del rostro. Una gran parte de su tiempo la pasa en Hong-Kong y en Tailandia, aunque también trabaja como lector del rostro en su consulta de Alemania y de Suiza. Además, es encargado del curso para técnicas de relajación en la Escuela Superior de Pedagogía de Karlsruhe.

Véase plazos y formación en:
www.readtheface.com
www.gesicht-lesen.de
www.facebook.com/readtheface

BIBLIOGRAFÍA

Berger, R. y Hoff, T.: *Psychologie der ersten Eindrucks: Die Sprache der Haare.* 2001.

Bolt, N.: *Haare. Eine Kulturgeschichte der wichtigsten Hauptsache der Welt.* 2001.

Cooper, W.: *Hair: Sex, Society, Symbolism.* 1971.

Haner, J.: *The Wisdom of your Face: Change Your Life with Chinese Face Reading!* Hay House. 2008.

Katumba, P. y Standop, E.: *Gesichtlesen, Krankheiten sehen und verstehen.* 2014.

McCracken, G.: *Big Hair, a Journey into the Transformation of Self.* 1996.

Olmstead Stanton, M.: *The Encyclopedia of Face and Form Reading, a Complete Summary of Character Analysis.* 1920.

Scherz, A.: *Frisuren, Kopfbedeckungen und Schmuck in Namibia und Südangola.* 1992.

Sherrow, V.: *Encyclopedia of Hair. A cultural History*, Greenwood Press. 2006.

Standop, E.: *Gesichtlesen – Persönlichkeit und Charakter*, Schirner Verlag. 2012.

Tischendorf, F. W.: *Der diagnostische Blick: Atlas und Textbuch der Differentialdiagnostik*, Schattauer. 1998.

Trüeb, R. M.: *Haare. Praxis der Trichologie.* 2003.

Weitz, R.: *Rapunzel's Daughters. What Women's Hair tells us about Women's Lives.* 2004.

IDENTIFICACIÓN DE IMÁGENES
Elementos embellecedores del banco de datos www.shutterstock.com:
Número de página del elemento gráfico: # 232703452 © Gizele, Encabezado del elemento gráfico: # 33317494 © Gizele, # 37057783 © ussr, # 73214653 © Gizele, # 191738390 © ESW, Elemento gráfico capítulo «Las cejas»: # 142039357 Symonenko Viktoriia, # 221603383 © JER95

Fotos de Richard Pilnick (www.richardpilnick.com):
p. 182, p. 183, p. 184, p. 184, p. 185, p. 185, p. 186, p. 186, p. 235, p. 240, p. 244.

Fotos del banco de datos www.shutterstock.com:

p. 6 # 88781662 © Gemenacom, p. 7 # 295818092 © Subbotina Anna, p. 9 # 210135976 © SunKids, p. 10 # 107658701 © Oleg Gekman, p. 19 # 226174543 © X-ray, p. 21 # 112165841 © William Moss, p. 22 # 206832745 © Nikolay Bassov, p. 24 # 181259657 © Sekundator, p. 27 # 134332400 © Subbotina Anna, p. 29 # 104803703 © Yarkovoy, p. 29 # 109674869 © Szekretar Zsolt, p. 30 # 94765627 © L.F, p. 30 # 152548154 © Dmitry Kalinovsky, p. 32 # 173476619 © Avatar_023, p. 34 # 300462047 © Kateryna Upit, p. 35 # 186745763 © Nicoleta Ionescu, p. 37 # 1155783 © Patricia Malina, p. 38 # 75144469 © Angela Hawkey, p. 41 # 180574403 © michaeljung, p. 43 # 268272980 © MargaritaV, p. 47 # 194765090 © Subbotina Anna, p. 48 # 149970311 © Subbotina Anna, p. 50 # 120024943 © YuriyZhuravov, p. 53 # 79599781 © Alexilus, p. 54 # 29197102 © Andrey Arkusha, p. 55 # 292549097 © Patryk Kosmider, p. 56 # 175066559 ©MJTH, p. 57 # 169168181 © Designua, p. 58 # 90490759 © Ialan, p. 61 # 226120888 © Alex_Traksel, p. 62 # 266148905 © The Sun photo, p. 63 # 39882430 © Monkey Business Images, p. 64 # 192329954 © Axel Bueckert, p. 65 # 292985642 © benjamas154 , p. 68 # 229435396 © Kues, p. 71 # 250451860 © Oleg Malyshev OM, p. 73 # 254736499 © VGstockstudio, p. 74 # 174333821 © CRM , p. 78 # 265830761 © Goodluz, p. 80 # 80504092 © Nejron Photo, p. 82 # 111412703 © se media, p. 83 # 271185836 © www.BillionPhotos.com, p. 83 # 10974214 © Nejron Photo, p. 85 # 134971778 © Serg Zastavkin, p. 86 # 125579345 © Dan Kosmayer, p. 88 # 113253376 © Goodluz, p. 89 # 94052449 © Phase4Studios, p. 89 # 128732432 © Alliance, p. 90 # 197759486 © MANDY GODBEHEAR, p. 91 # 253044214 © DUSAN ZIDAR, p. 91 # 238438549 © Geografika, p. 92 # 263066297 © Nataliya Arzamasova, p. 93 # 175150799 © Christian Jung, p. 94 # 224442694 © Lecic, p. 95 # 225173110 © margouillat photo, p. 95 # 144464284 © Anna Hoychuk, p. 96 # 71726542 © Aleksandr Markin, p. 101 # 112062878 © auleena, p. 103 # 103025777 © Aleshyn_Andrei, p.104 # 197409032 © Subbotina Anna, p. 106 # 139912789 © CURA photography, p. 108 # 161401724 © paultarasenko, p. 109 # 80621719 © auremar, p. 110 # 190462637 © wavebreakmedia, p. 111 # 113720950 © javi_indy, p. 113 # 70369924 © Goodluz, p. 114 # 88326232 © Angelo Giampiccolo, p. 115 # 126985853 © Subbotina Anna, p. 116 # 155740088 © Goodluz, p. 117 # 150291263 © BlueSkyImage, p. 118 # 99011204 © ilterriorm, p. 121 # 114342376 © Wilson Araujo, p. 122 # 119324956 © Victoria Andreas, p. 123 # 88604227 © auremar, p. 123 # 64080346 © Alberto Zornetta, p. 124 # 163195115 © Nadino, p. 124 # 111087164 © SheftsoffWomen Girls, p. 125 # 146887094 © Yuganov Konstantin, p. 126 # 51279943 © StockLite, p. 128 # 157139462 © StockLite, p. 131 # 247461202 © Halfpoint, p. 132 # 31403584 © NAS CRETIVES, p. 134 # 134640413 © Dmitri Mihhailov, p. 135 # 539393779 © Viktoriya Pavlyuk, p. 136 # 104071613 © Andresr, p. 136 # 227915374 © Dmytro Zinkevych, p. 138 # 131588954 © Mila Supinskaya, p. 140 # 147876236 © racorn, p. 141 # 159831053 © Alliance, p. 143 # 132709274 © Elena Vasilchenko, p. 145 # 200076995 © Anneka, p. 146 # 155492036 © mimagephotography, p. 147 # 211902610 © Voyagerix, p. 148 # 278948879 © Antonio Guillem, p. 149 # 92096033 © auremar, p. 150 # 137967545 © Luba V Nel, p. 151 # 200556737 © StockLite, p. 152 # 177437729 © Oleg Malyshev OM, p. 153 # 285564008 © freyaphotographer, p. 154 # 253521928 © Lars Zahner, p. 154 # 23117530 © Jose AS Reyes, p. 155 # 296804333 © Strokan, p. 156 # 134554526 © Andresr, p. 157 # 279005603 © Malyugin, p. 158 # 200124395 © g-stockstudio, p. 159 # 125786906 © Aleshyn_Andrei, p. 160 # 231296191 © Valua Vitaly, p. 161 # 618261440 © photoagent, p. 162 # 267927173 © Dmytro Buianskyi, p. 163 # 144727192 © Olena Zaskochenko, p. 164 # 211386832 © BeautyBlowFlow, p. 165 # 84559570 © Alexander Korobov, p. 166 # 143384713 © luminaimages, p. 167 # 108122891 © William Moss, p. 168 # 140146465 © InnervisionArt, p. 169 # 115472179 © javi_indy, p. 170 # 91227641 © auremar, p. 171 # 256575154 © Jack Frog, p. 171 # 77216368 © beboy, p. 172 # 136446518 © CURA photography, p. 173 # 184075748 © Maksym Poriechkin, p. 174 # 144804316 © Goodluz, p. 175 # 141715813 © racorn, p. 176 # 224196925 © Photick, p. 177 # 62462563 © beboy, p. 178 # 132292412 © Johnny Adolphson, p. 179 # 244917310 © eurobanks, p. 180 # 136903037 © Stokkete, p. 189 # 121087519 © Everett Collection, p. 189 # 249573409 © Everett Historical, p. 191 # 127237127 © Yuri2010, p. 193 # 62372554 © Daxiao Productions, p. 194 # 197127299 © Stacey Newman, p. 195 # 111502529 © 12_Tribes, p. 195 #

125420363 © Syda Productions, p. 196 # 159559403 © Pressmaster, p. 196 # 119482714 © auremar, p. 197 # 161793374 © Anna Lurye, p. 197 # 101868868 © BestPhotoStudio, p. 198 # 113627236 © Apples Eyes Studio, p. 199, 200, 202, 203, 204, 206, 208, 209, 212 # 122263627 © Apples Eyes Studio, p. 199, 201, 204, 205, 207, 209, 210, 211 # 100200221 © Valua Vitaly, p. 215 # 134432018 © Guzel Studio, p. 216 # 618497897 © Alexandra Lande, p. 218 # 88406551 © Jose Ignacio Soto, p. 221 # 237317134 © OlegD, p. 223 # 121336363 © nw10photography , p. 224 # 64186066 © Forster Forest, p. 225 # 211437304 © lenetstan, p. 226 # 190109501 © Oleg Gekman, p. 226 # 183284225 © Subbotina Anna, p. 227 # 94274725 © Felix Mizoznikov, p. 227 # 261670169 © Maridav, p. 228 # 71150587 © Darryl Brooks, p. 229 # 268542242 © Igor Stepovik, p. 229 # 96124604 © Reinhold Leitner, p. 230 # 102768119 © Zastolskiy Victor, p. 231 # 223032784 © Simon Greig, p. 232 # 213159280 © Rido, p. 234 # 54026566 © PT Images, p. 236 # 153235298 © tobkatrina, p. 239 # 262700492 © g-stockstudio

ÍNDICE

Hair languaje: el lenguaje del cabello 5

Introducción. Una historia peluda 11
Mi camino para aprender a leer los rostros 12
Definición de conceptos 16
El cabello en la lectura del rostro 20

Significación del cabello 25
El cabello en la historia 26
La magia del cabello 40
El cabello en los sueños 45

El cabello y la salud 51
Tipos, estructura y crecimiento 52
Análisis del cabello 59
La caída del cabello 62
Enfermedades del cabello 69
El cabello gris 76
Las cejas y las pestañas 81
Cuidado del cabello 87

El cabello y la personalidad 97
Un reflejo de la personalidad 98
Los colores del pelo 100
La estructura del cabello 119
La implantación del cabello 122

Largos del cabello 127
La raya 133
Los peinados 142
El peinado y las emociones 181
Las cejas 187
Las pestañas 213
Las barbas 217
Otras vellosidades de la cara 233

Conclusión. La lectura del pelo 237
Dos ejemplos 238

Sobre el autor 248
Bibliografía 250
Identificación de imágenes 250